Prof. Dr. Hanno Kube, LL.M.

Der Rundfunkbeitrag

Rundfunk- und finanzverfassungsrechtliche Einordnung

Nomos

Die Deutsche Nationalbibliothek verzeichnet diese Publikation in der Deutschen Nationalbibliografie; detaillierte bibliografische Daten sind im Internet über http://dnb.d-nb.de abrufbar.

ISBN 978-3-8487-1018-8

1. Auflage 2014

Vorwort

Zur Finanzierung des öffentlich-rechtlichen Rundfunks werden seit Anfang 2013 Rundfunkbeiträge erhoben, dies auf Grundlage des im Dezember 2010 unterzeichneten Rundfunkbeitragsstaatsvertrags der Länder. Der Rundfunkbeitrag stellt den Menschen als Informationsempfänger in den Mittelpunkt und erfasst ihn in der Adressateneinheit des – in der Wohnung typisierten – Haushalts. Darüber hinaus stellt der Rundfunkbeitrag auch den Rundfunkempfang im nicht privaten, vor allem gewerblichen Bereich in den abgabenrechtlichen Äquivalenzzusammenhang. Die Rundfunkfinanzierung wird hierdurch vom Gerätebezug der vormals erhobenen Rundfunkgebühr gelöst, der zu erheblichen Eingriffen in die Privatsphäre wie auch zu Vollzugsdefiziten führte und der in einer Zeit zunehmend multifunktionaler und zudem mobiler Endgeräte nicht mehr zeitgemäß erscheint.

So unerlässlich es vor diesem Hintergrund war, die Einnahmenseite der Rundfunkfinanzierung neu zu gestalten, muss diese Neugestaltung aber im Grundsätzlichen wie auch im Einzelnen, insbesondere in der Typisierung, den verfassungsrechtlichen Anforderungen des Grundgesetzes genügen. Die hier vorgelegte verfassungsrechtliche Prüfung des Rundfunkbeitrags beruht auf einem im Auftrag von ARD, ZDF und Deutschlandradio entstandenen Rechtsgutachten.

Mainz, im Januar 2014

Hanno Kube

Inhaltsverzeichnis

A. Ausgangslage und Gang der Untersuchung

Seit Anfang 2013 wird der öffentlich-rechtliche Rundfunk in Deutschland durch die Erhebung von Rundfunkbeiträgen finanziert, dies auf Grundlage des Rundfunkbeitragsstaatsvertrags der Länder (RBStV, abgedruckt im Anhang). Der Rundfunkbeitrag knüpft tatbestandlich an die Innehabung einer privaten Wohnung, einer Betriebsstätte oder eines nicht lediglich privat genutzten Fahrzeugs an. Der Gerätebezug der vormals erhobenen Rundfunkgebühr wurde damit aufgegeben, um den dieser Gebühr eigenen Erhebungsdefiziten abzuhelfen und der technischen Entwicklung, namentlich der zunehmenden Verbreitung multifunktionaler und dabei mobiler Endgeräte, Rechnung zu tragen.

Verfassungsrechtliche Maßstäbe ergeben sich in diesem Zusammenhang zum einen aus dem Rundfunkverfassungsrecht, zum anderen aus dem Finanzverfassungsrecht. Diese Maßstäbe begründen und begrenzen die Ausgestaltung des Rundfunkbeitrags sowohl im Grundsatz wie auch im Detail[1]. Im Anschluss an eine Skizzierung der Ausgangssituation und der vor-

---

1 Die hinzutretenden europarechtlichen Anforderungen werden im vorliegenden Rahmen nicht behandelt; dazu aus der Literatur in chronologischer Reihung *Andreas Bartosch*, Öffentlich-rechtliche Rundfunkfinanzierung und EG-Beihilfenrecht – eine Zwischenbilanz, EuZW 1999, S. 176 ff.; *Christoph Degenhart*, Finanzierung des öffentlich-rechtlichen Rundfunks aus nationaler und internationaler Sicht: Der Rundfunkauftrag als Grundlage und Grenze, AfP 2005, S. 493 ff.; *Tankred Schipanski*, Jüngste Entwicklungslinien eines eventuellen Beihilfecharakters der Gebührenfinanzierung des öffentlich-rechtlichen Rundfunks, K&R 2006, S. 217 ff.; *Kai Thum*, Vereinbarkeit der Gebührenfinanzierung des öffentlich-rechtlichen Rundfunks mit EG-Beihilferecht, NVwZ 2007, S. 521 ff.; *Jörg Gundel*, Nationale Rundfunkfinanzierung, Art. 86 EGV und das EG-Beihilfenrecht: Die Position der Gemeinschaftsgerichte, ZUM 2008, S. 758 ff.; *Stephanie Schiedermair*, Rundfunkfinanzrecht, in: Schiwy/Schütz/Dörr, Medienrecht, 5. Aufl. 2010, S. 475 (481 ff.); *Annette Smith*, Das System der deutschen Rundfunkgebühr, 2010; *Daniel Krone*, Gebührenfinanzierter Rundfunk und Beihilferecht, 2010; *Walter Frenz/Vera Götzkes*, Öffentlich-rechtliche Rundfunkanstalten als Beihilfeempfänger, ZUM 2010, S. 563 ff.; *Paul Kirchhof*, Die Finanzierung des öffentlich-rechtlichen Rundfunks, 2010, S. 69 ff.; *Eva Ellen Wagner*, Abkehr von der geräteabhängigen Rundfunkgebühr, 2011, S. 234 ff.; *Frederik Ferreau*, Rundfunkfinanzierung und EU-Beihilfentatbestand im Lichte aktueller Unionsrechtsprechung und Kommissionspraxis, K&R 2011, S. 298 ff.; *Hans-Heinrich Trute/Roland Broemel*, Der Verbreitungsauftrag der öffentlich-rechtlichen Rund-

genommenen Neugestaltung (B.) werden im Folgenden die rundfunkverfassungsrechtlichen Anforderungen an die Finanzierung des öffentlich-rechtlichen Rundfunks verdeutlicht (C.), um auf dieser Grundlage nach der diesen Anforderungen adäquaten Abgabenart zu fragen und diese finanzverfassungsrechtlich einzuordnen (D.). Das Verfassungsrecht leitet sodann auch die nähere Ausgestaltung der Rundfunkabgabe an, was im Einzelnen zu zeigen und mit dem staatsvertraglich vereinbarten Rundfunkbeitrag abzugleichen ist (E.). Die Untersuchung schließt mit einer Zusammenfassung der Ergebnisse (F.).

---

funkanstalten. Einspeisung und Vergütung von Programmen mit Must-Carry-Status in Kabelnetzen, MMR-Beilage 2012, S. 1 (15 ff.); *Ermano Geuer*, Der neue Rundfunkbeitrag aus europarechtlicher Sicht, CR 2013, S. 156 ff.

B. Reformbedarf und Neugestaltung

I. Unzulänglichkeiten der Rundfunkgebühr

Die bislang erhobene Rundfunkgebühr beruhte auf der Vorstellung, dass ein Radio oder auch ein Fernsehgerät den Informationsmittelpunkt eines Haushalts bildet und von den Mitgliedern dieses Haushalts zum Empfang der allgemein verfügbaren Radio- und Fernsehprogramme genutzt wird. Dementsprechend wurde für das Bereithalten eines Radios eine „Grundgebühr" von zuletzt 5,76 Euro pro Monat und für das Bereithalten eines Fernsehgeräts eine „Fernsehgebühr" von zuletzt 17,98 Euro pro Monat erhoben. Die Gebühr knüpfte mithin an die Innehabung eines bestimmten Geräts an, hatte aber zugleich einen Haushaltsbezug, der darin zum Ausdruck kam, dass Zweitgeräte im gleichen Haushalt abgabenfrei blieben. Das Aufkommen der im privaten Bereich erhobenen Rundfunkgebühr begründete über 90 % des gesamten Rundfunkabgabenaufkommens. Auch im nicht privaten, in erster Linie gewerblichen Bereich wurde die Gebühr geräteabhängig erhoben, dies in gleicher Höhe wie im privaten Bereich. In Ausnahmefällen wurden hier Entlastungen gewährt, so für Hotels und für fremdvermietete Ferienwohnungen.

Von Beginn an war die Rundfunkgebühr, die die zuvor erhobene Postgebühr im Jahr 1970 abgelöst hatte[2], der Kritik ausgesetzt. Diese Kritik verdichtete sich sodann aufgrund zweier Entwicklungslinien stetig[3]: Zum einen

---

2 Diese war Entgelt für die Erlaubnis zur Errichtung und zum Betrieb eines Rundfunkgeräts. Die Postgebühr war an die Post zu entrichten, die das Gebührenaufkommen nach Abzug eines Eigenanteils an die Rundfunkgesellschaften verteilte; siehe die Darstellung der historischen Entwicklung in BVerfGE 90, 60 (62 f.); auch *Arne Hasse*, Die Finanzierung des öffentlich-rechtlichen Rundfunks, 2005, S. 9 ff.; *André Fiebig*, Gerätebezogene Rundfunkgebührenpflicht und Medienkonvergenz, 2008, S. 54 ff.; *Annette W. Reuters*, Die Rundfunkgebühr auf dem Prüfstand der Finanzverfassung, 2009, S. 41 ff.; *Philipp Karl Julius Mohr*, Legitimationsdefizite bei der Bestimmung der Höhe der Rundfunkgebühr, 2012, S. 22 ff.

3 Zusammengefasst bei *Christoph Degenhart*, Verfassungsrechtliche Zweifelsfragen des Rundfunkbeitragsstaatsvertrags, ZUM 2011, S. 193 (194 f.); siehe auch *Armin Dittmann*, Die Finanzierung des öffentlich-rechtlichen Rundfunks durch eine Medienabgabe, 2009, S. 9 ff.; *Wieland Bosman*, Paradigmenwechsel in der Rundfunk-

litt die Rundfunkgebühr unter beträchtlichen, über die Zeit zunehmenden Erhebungsdefiziten. So war eine stetige Verringerung der Zahl der gemeldeten Teilnehmer zu beobachten[4]. Insbesondere in den Großstädten lag sie weit unter dem Durchschnitt[5]. Dies spricht dafür, dass immer mehr Menschen das Rundfunkangebot wahrnahmen, ohne die Rundfunkgebühr zu entrichten. Rechtsstaatlich war dies ebenso wenig hinnehmbar wie die korrespondierende Gefahr, dass die Gebühreneinzugszentrale (GEZ) übermäßig in die Privatsphäre übergreift, um trotz sinkender Bereitschaft zur Normbefolgung eine gesetzesgemäße Gebührenzahlung sicherzustellen. Das strukturelle Erhebungsdefizit begründete schließlich Zweifel an der Verfassungsmäßigkeit der Rundfunkgebühr[6].

Zum anderen sah sich die Rundfunkgebühr einer technischen Entwicklung ausgesetzt, die die realitätsgerechte Erfassung des Rundfunkempfangs durch den gerätebezogenen Tatbestand der Gebührenpflicht zunehmend in Frage stellte. Öffentlich-rechtlicher Rundfunk kann heute nicht mehr allein durch monofunktionale, zumal stationäre Radio- und Fernsehgeräte, sondern vielmehr durch eine Vielzahl oftmals multifunktionaler, die Medienkonvergenz spiegelnder und dabei mobiler Endgeräte empfangen werden. Art und Intensität des Rundfunkempfangs durch den Einzelnen lassen sich deshalb nicht mehr angemessen durch die tatbestandliche Anknüpfung an die Innehabung bestimmter Geräte typisieren[7]. Das Recht war der Entwicklung noch insoweit nachgezogen worden, als neuartige Empfangsgeräte (NEG) ab Anfang 2007 mit der Grundgebühr belastet wurden, wenn keine anderen Geräte zum Rundfunkempfang bereitgehalten werden[8]; dies auf

---

finanzierung: Von der Rundfunkgebühr zum Rundfunkbeitrag, K&R 2012, S. 5 (7); *Dieter Dörr/Rolf Schwartmann*, Medienrecht, 4. Aufl. 2012, Rdnr. 221.

4 *Kommission zur Ermittlung des Finanzbedarfs der Rundfunkanstalten*, 18. KEF-Bericht, Dezember 2011, Tz. 334 ff.

5 *Kommission zur Ermittlung des Finanzbedarfs der Rundfunkanstalten*, 17. KEF-Bericht, Dezember 2009, Tz. 460 (für Berlin, Frankfurt/Main, München und Stuttgart im Jahr 2007: zwischen 76,9 und 78,5 %).

6 *Paul Kirchhof*, Die Finanzierung des öffentlich-rechtlichen Rundfunks, 2010, S. 15 f.; siehe zur Bedeutung struktureller Vollzugsdefizite für die Verfassungsmäßigkeit der zugrundeliegenden Normen BVerfGE 84, 239 (271 f.); 110, 94 (113).

7 Frühzeitig zum Problem *Axel Tschentscher*, Gebührenpflichtigkeit des Internet- und Handy-Rundfunks?, AfP 2001, S. 93 ff.

8 Siehe dazu ausführlich *André Fiebig*, Gerätebezogene Rundfunkgebührenpflicht und Medienkonvergenz, 2008, S. 287 ff.; *Michael Betzinger/Sebastian Müller*, Rundfunkfinanzierung – Gebührenpflicht internetfähiger PCs, NVwZ 2010, S. 1131 ff.; *Eva Ellen Wagner*, Abkehr von der geräteabhängigen Rundfunkgebühr, 2011, S. 30 ff.

Grundlage der Annahme, dass noch kein befriedigender Fernsehempfang über das Internet möglich ist[9]. Doch ist diese Annahme inzwischen klar widerlegt[10]. Zugleich ist der Markt multifunktionaler und mobiler Endgeräte weiter ausgebaut worden. Auch die technische Entwicklung legte deshalb eine grundsätzliche Neuausrichtung der Rundfunkfinanzierung nahe, insbesondere eine Loslösung vom Gerätebezug.

Dass die bisherige Rundfunkfinanzierung dringend reformbedürftig war, war im Angesicht dieser Entwicklungen weitgehend unbestritten. Nachdem die Ministerpräsidentenkonferenz bereits im Oktober 2006 die Rundfunkkommission der Länder beauftragt hatte, alternative Lösungen zur Finanzierung des öffentlich-rechtlichen Rundfunks zu erarbeiten[11], wurden verschiedene Modelle entwickelt und diskutiert[12], unterstützt durch Überlegungen aus der Wissenschaft[13]. Im Dezember 2010 unterzeichneten die Regierungschefs der Länder schließlich den 15. Rundfunkänderungsstaatsvertrag[14] und mit ihm den Rundfunkbeitragsstaatsvertrag, der den Rundfunkgebührenstaatsvertrag (RGebStV) ablöste.

---

9 Dazu *Kommission zur Ermittlung des Finanzbedarfs der Rundfunkanstalten*, 17. KEF-Bericht, Dezember 2009, Tz. 295; mit höchstrichterlicher Klärung der Verfassungsmäßigkeit BVerwG, NJW 2011, S. 946 ff.; die hiergegen gerichtete Verfassungsbeschwerde wurde nicht zur Entscheidung angenommen; BVerfG, NJW 2012, S. 3423 ff.

10 *Hermann Eicher*, Von der Rundfunkgebühr zum Rundfunkbeitrag, Media Perspektiven 2012, S. 614.

11 Politische Vorgaben waren dabei: Aufkommensneutralität, Beteiligung des privaten und nicht privaten Bereichs, Abkehr vom Bereithalten eines Gerätes als Anknüpfungspunkt für die Zahlungspflicht, soziale Gerechtigkeit, Staatsferne, geringer Verwaltungsaufwand, Beachtung der rundfunkverfassungsrechtlichen, finanzverfassungsrechtlichen, datenschutzrechtlichen und europarechtlichen Vorgaben, Verbesserung der gesamtgesellschaftlichen Akzeptanz; siehe die Begründung zum Fünfzehnten Staatsvertrag zur Änderung rundfunkrechtlicher Staatsverträge (Fünfzehnter Rundfunkänderungsstaatsvertrag), S. 2.

12 Zum Gang der Entwicklung *Hermann Eicher*, Von der Rundfunkgebühr zum Rundfunkbeitrag, Media Perspektiven 2012, S. 614 ff.

13 Siehe insbesondere *Paul Kirchhof*, Die Finanzierung des öffentlich-rechtlichen Rundfunks, 2010; auch *Hans D. Jarass*, Verfassungsrechtliche Fragen einer Reform der Rundfunkgebühr, Rechtswissenschaftliches Gutachten, Mai 2007; *Armin Dittmann*, Die Finanzierung des öffentlich-rechtlichen Rundfunks durch eine Medienabgabe, 2009.

14 Fünfzehnter Staatsvertrag zur Änderung rundfunkrechtlicher Staatsverträge (Fünfzehnter Rundfunkänderungsstaatsvertrag).

II. Die zentralen Elemente der Neugestaltung

Der Rundfunkbeitragsstaatsvertrag[15] stellt die Finanzierung des öffentlich-rechtlichen Rundfunks mit Wirkung ab 1. 1. 2013 auf die Abgabenform des Rundfunkbeitrags um[16]. Die Abgabenpflicht ist dabei nicht mehr an die Innehabung von Radio- oder Fernsehgeräten, sondern an die Innehabung einer privaten Wohnung, einer Betriebsstätte oder eines nicht lediglich privat genutzten Fahrzeugs geknüpft. Auf das Vorhandensein oder die Anzahl von Empfangsgeräten kommt es tatbestandlich nicht mehr an. Dem liegt die Annahme zugrunde, dass die Möglichkeit zum Rundfunkempfang grundsätzlich deutschlandweit besteht und diese Möglichkeit in den Tatbeständen der privaten Wohnung, der Betriebsstätte und des nicht lediglich privat genutzten Fahrzeugs angemessen erfasst wird[17].

Im privaten Bereich ist jeder Wohnungsinhaber Beitragsschuldner (§ 2 Abs. 1 RBStV). Dies ist jede volljährige Person, die eine Wohnung selbst bewohnt (§ 2 Abs. 2 RBStV). Wohnung in diesem Sinne ist grundsätzlich jede ortsfeste, baulich abgeschlossene Raumeinheit, die zum Wohnen oder Schlafen geeignet ist oder genutzt wird und durch einen eigenen Eingang unmittelbar von einem Treppenhaus, einem Vorraum oder von außen, nicht ausschließlich über eine andere Wohnung, betreten werden kann (§ 3 Abs. 1 Satz 1 RBStV). Befreiungen und Ermäßigungen ergeben sich in der Sache durch verschiedene Ausnahmen vom Wohnungsbegriff (§ 3 Abs. 2 RBStV), in persönlicher Hinsicht aufgrund von § 4 RBStV, dies – auf Antrag – zugunsten sozial bedürftiger und zugunsten behinderter, insbesondere sehbehinderter und hörgeschädigter Menschen.

Im nicht privaten Bereich ist der Rundfunkbeitrag für jede Betriebsstätte von deren Inhaber zu entrichten; die Beitragshöhe ist dabei nach der Anzahl

---

15 Zum Überblick *Andreas Gall/Axel Schneider*, in: Hahn/Vesting (Hrsg.), Beck'scher Kommentar zum Rundfunkrecht, 3. Aufl. 2012, Vor RBStV Rdnr. 1 ff.; auch *Frederik Ferreau/Hans-Christian Poth*, Der Rundfunkbeitragsstaatsvertrag – Rundfunkfinanzierung im Digitalzeitalter, NVwZ 2011, S. 714 ff.; *Wieland Bosman*, Paradigmenwechsel in der Rundfunkfinanzierung: Von der Rundfunkgebühr zum Rundfunkbeitrag, K&R 2012, S. 5 (8 ff.).

16 Ausführlich zu den zuvor alternativ erwogenen Reformoptionen *Armin Dittmann*, Die Finanzierung des öffentlich-rechtlichen Rundfunks durch eine Medienabgabe, 2009, S. 12 ff.; *Eva Ellen Wagner*, Abkehr von der geräteabhängigen Rundfunkgebühr, 2011, S. 106 ff.

17 Begründung zum Fünfzehnten Staatsvertrag zur Änderung rundfunkrechtlicher Staatsverträge (Fünfzehnter Rundfunkänderungsstaatsvertrag), S. 6.

der Beschäftigten in der Betriebsstätte gestaffelt (§ 5 Abs. 1 Satz 1 RBStV). Betriebsstätte in diesem Sinne ist jede zu einem eigenständigen, nicht ausschließlich privaten Zweck bestimmte oder genutzte ortsfeste Raumeinheit oder Fläche innerhalb einer Raumeinheit; mehrere Raumeinheiten auf einem Grundstück oder auf zusammenhängenden Grundstücken, die demselben Inhaber zuzurechnen sind, gelten als eine Betriebsstätte (§ 6 Abs. 1 Satz 1 und 2 RBStV). Sonderregelungen bestehen für Hotel- und Gästezimmer sowie Ferienwohnungen, zudem für unternehmerisch genutzte Kraftfahrzeuge (§ 5 Abs. 2 RBStV). Ermäßigungen werden zugunsten gemeinnütziger und vergleichbarer Einrichtungen gewährt (§ 5 Abs. 3 und 5 RBStV).

Der Rundfunkbeitrag wird monatlich erhoben (§ 7 RBStV), dies auf Grundlage einer einmaligen Anmeldung des Wohnungs- oder Betriebsstätteninhabers bei der zuständigen Landesrundfunkanstalt (§ 8 RBStV). Die Anstalten haben Auskunftsrechte nach § 9 Abs. 1 RBStV und sind ermächtigt, die Einzelheiten des Verfahrens durch Satzung zu regeln (§ 9 Abs. 2 RBStV). § 10 Abs. 1 RBStV weist das Beitragsaufkommen – in dem im Rundfunkfinanzierungsstaatsvertrag (RFinStV) bestimmten Umfang – den Landesrundfunkanstalten, dem Zweiten Deutschen Fernsehen (ZDF), dem Deutschlandradio sowie den Landesmedienanstalten zu, in deren Bereich sich die Wohnung oder die Betriebsstätte des Beitragsschuldners befindet oder das Kraftfahrzeug zugelassen ist. Der Beitrag ist als Schickschuld an die zuständige Landesrundfunkanstalt zu entrichten, die die entsprechenden Anteile an das ZDF, Deutschlandradio und die jeweilige Landesmedienanstalt weiterleitet (§ 10 Abs. 2 RBStV). Rückständige Rundfunkbeiträge werden durch die zuständige Landesrundfunkanstalt festgesetzt (§ 10 Abs. 5 RBStV).

Die Höhe des Rundfunkbeitrags ergibt sich aus dem Rundfunkfinanzierungsstaatsvertrag. Sie beträgt gegenwärtig, entsprechend der zuvor erhobenen Fernsehgebühr, monatlich 17,98 Euro (§ 8 RFinStV).

C. Rundfunkverfassungsrechtliche Anforderungen an die Rundfunkfinanzierung

Die verfassungsrechtliche Würdigung der Neugestaltung der Rundfunkfinanzierung hat von den Maßgaben des Rundfunkverfassungsrechts auszugehen.

I. Rundfunkfreiheit gemäß Art. 5 Abs. 1 Satz 2 Alt. 2 GG

Die durch Art. 5 Abs. 1 Satz 2 Alt. 2 GG geschützte Rundfunkfreiheit dient der Gewährleistung freier individueller und öffentlicher Meinungsbildung[18] und ist „schlechthin konstituierend für die freiheitliche demokratische Grundordnung"[19]. Der Rundfunk hat „in möglichster Breite und Vollständigkeit zu informieren", gibt dem Einzelnen und den gesellschaftlichen Gruppen Gelegenheit zu meinungsbildendem Wirken und ist selbst am Prozess der Meinungsbildung beteiligt[20]. Ihm kommt mithin eine Vermittlungsfunktion zu[21], deren besondere Bedeutung sich aus der „Breitenwirkung, Aktualität und Suggestivkraft" des laufenden Rundfunkprogramms ergibt[22], zudem aus dem tatsächlichen Umfang des Konsums[23].

Aus diesen Gründen stand die objektivrechtliche Seite der Rundfunkfreiheit von Beginn an im Vordergrund. Der objektive Gehalt des Grundrechts berechtigt und verpflichtet den Staat, materielle, organisatorische und verfahrensrechtliche Regelungen zu schaffen, „die an der Aufgabe der Rundfunkfreiheit orientiert und deshalb geeignet sind zu bewirken, was Art. 5 Abs. 1 GG gewährleisten will"[24]. So hat der Gesetzgeber, an den sich die

---

18 BVerfGE 57, 295 (319); 59, 231 (257); 73, 118 (152); 74, 297 (323); 83, 238 (295); 114, 371 (386 f.); 119, 181 (214).

19 BVerfGE 77, 65 (74); 107, 299 (329).

20 BVerfGE 59, 231 (257 f.); 73, 118 (152); 119, 181 (214).

21 BVerfGE 83, 238 (296); 90, 60 (87).

22 BVerfGE 90, 60 (87); 114, 371 (387); 119, 181 (214 f.).

23 Im Jahr 2012 lag der Fernsehkonsum bei Zuschauern ab drei Jahren bei 222 Minuten täglich; siehe *Camille Zubayr/Heinz Gerhard*, Tendenzen im Zuschauerverhalten, Media Perspektiven 2013, S. 130.

24 BVerfGE 57, 295 (320); 73, 118 (153); 83, 238 (296).

Pflicht zur Schaffung einer rechtlichen Rahmenordnung primär richtet[25], sicherzustellen, „dass der Rundfunk nicht einer oder einzelnen gesellschaftlichen Gruppen ausgeliefert wird und dass die in Betracht kommenden Kräfte im Gesamtprogrammangebot zu Wort kommen können“[26], dass das Spektrum der in der Gesellschaft vorzufindenden Meinungen also im Rundfunkprogramm widergespiegelt wird. An dieser Aufgabe des Gesetzgebers hat sich weder durch den Wegfall der durch die frühere Knappheit der Frequenzen bedingten Sondersituation[27] noch durch die technologischen Neuerungen der letzten Jahre und die Entwicklung der Medienmärkte[28] etwas geändert.

II. Staatsferne und Programmautonomie

Im Rahmen des öffentlich-rechtlichen Rundfunks, der angesichts der ursprünglichen Knappheit der Frequenzen und der technischen Anforderungen an die Ausgestaltung zunächst im Vordergrund stand, wird die Widerspiegelung der Meinungsvielfalt durch die pluralistische Besetzung der für die Programmgestaltung verantwortlichen Gremien gewährleistet (Binnenpluralismus)[29]. Die gebotene Distanz zum Staat (Prinzip der Staatsferne[30]) wird dadurch sichergestellt, dass der öffentlich-rechtliche Rundfunk in rechtlich selbständigen Anstalten organisiert ist[31], dass die staatlichen Vertreter in den Entscheidungsgremien nur beschränkt Einfluss ausüben dürfen[32], dass die staatliche Aufsicht auf eine Rechtsaufsicht begrenzt und auch die Finanzkontrolle der Rechnungshöfe zurückgenommen ist[33]. So wird den Anstalten auch im Verhältnis zum Staat Programmautonomie gesichert[34].

---

25 BVerfGE 57, 295 (320 f.); 119, 181 (214).
26 BVerfGE 57, 295 (325); 73, 118 (153); 90, 60 (88); 114, 371 (389).
27 So bereits BVerfGE 57, 295 (322).
28 BVerfGE 119, 181 (214); 121, 30 (51).
29 BVerfGE 12, 205 (262 f.).
30 BVerfGE 12, 205 (262 f.); 83, 238 (322).
31 BVerfGE 12, 205 (261 f.).
32 BVerfGE 73, 118 (165).
33 BVerfGE 12, 205 (261).
34 BVerfGE 87, 181 (201); 114, 371 (389).

III. Grundversorgung

Neben den öffentlich-rechtlichen Rundfunk ist der privatwirtschaftliche Rundfunk getreten (duales Rundfunksystem). Weil die Vielfaltssicherung auf Grundlage des – nach dem Gedanken des Außenpluralismus organisierten und durch Werbeeinnahmen finanzierten – privatwirtschaftlichen Rundfunks, insbesondere des Privatfernsehens, aber nicht verlässlich zu gewährleisten ist[35], ist das derzeitige Nebeneinander nur unter der Voraussetzung mit der Rundfunkfreiheit zu vereinbaren, dass durch den öffentlich-rechtlichen Rundfunk eine Grundversorgung in informatorischer, kultureller und unterhaltender Hinsicht sichergestellt wird[36]. Die Grundversorgung ist dabei entwicklungsoffen zu verstehen, insbesondere mit Blick auf die Nutzung der neuen Technologien[37]. Der Staat hat für die technischen, organisatorischen, personellen und insbesondere auch finanziellen Grundlagen der Grundversorgung durch die öffentlich-rechtlichen Anstalten zu sorgen[38]. Art. 5 Abs. 1 Satz 2 Alt. 2 GG enthält deshalb eine Bestands- und Entwicklungsgarantie für den öffentlich-rechtlichen Rundfunk[39].

---

35 BVerfGE 87, 181 (199) („schon aufgrund seiner Finanzierungsweise“); 114, 371 (388); *Carl-Eugen Eberle*, „Vor der Verfassung keinen Bestand“, epd medien Nr. 47 vom 14.6.2008, S. 28 (29); *Helge Rossen-Stadtfeld*, „Das kommerzielle Angebot kann nicht vielfältig sein“, epd medien Nr. 9 vom 1.3.2013, S. 33 (34); demgegenüber *Christoph Degenhart*, Rechtsfragen einer Neuordnung der Rundfunkgebühr, ZUM 2009, S. 374 (375 f.) („Zustand konsolidierter Außenpluralität“); aus ökonomischer Perspektive *Deutsches Steuerzahlerinstitut des Bundes der Steuerzahler e.V. (Hrsg.)*, Der öffentlich-rechtliche Rundfunk in Deutschland, 2013, S. 38 ff.

36 BVerfGE 73, 118 (157 f.); 74, 297 (324); 90, 60 (90 f.); 119, 181 (218).

37 BVerfGE 83, 238 (298); 119, 181 (218); zum Erfordernis einer Präsenz des öffentlich-rechtlichen Rundfunks im Internet *Carl-Eugen Eberle*, „Vor der Verfassung keinen Bestand“, epd medien Nr. 47 vom 14.6.2008, S. 28 ff.

38 BVerfGE 73, 118 (158); 74, 297 (324 f.); 87, 181 (199); 89, 144 (153).

39 BVerfGE 73, 118 (158); 83, 238 (297 f.); 90, 60 (91).

IV. Konsequenzen für die Finanzierung des öffentlich-rechtlichen Rundfunks

1. Funktionsgerechte Finanzierung durch öffentliche, gemeinwohlgebundene Mittel

Diese verfassungsrechtlichen Rahmenbedingungen haben Konsequenzen für die gebotene Art und Weise der Finanzierung des öffentlich-rechtlichen Rundfunks. Während sich der private Rundfunk durch Werbeeinnahmen finanziert, die privaten Rundfunkanbieter sich also in ihrer Programmgestaltung attraktiv für werbewillige Unternehmen aufstellen müssen und dadurch in Abhängigkeit zur Wirtschaft geraten, kommt ein derartiges Finanzierungsmodell für die öffentlich-rechtlichen Rundfunkanstalten, denen die vielfaltssichernde Grundversorgung obliegt, nicht in Betracht. Sie müssen in ihrer Finanzierung im Wesentlichen unabhängig von der Wirtschaft bleiben[40], um nicht darauf angewiesen zu sein, ihre Programme an bestimmten Käufergruppen ausrichten oder auf Massenattraktivität hin ausgestalten zu müssen, um ihre Funktion also „unbeeinflusst von jeglicher Indienstnahme für außerpublizistische Zwecke, seien sie politischer oder ökonomischer Natur, erfüllen“ zu können[41]. Es darf in diesem Sinne nicht zu einer „Erosion der Identifizierbarkeit öffentlich-rechtlicher Programme“ kommen[42]. Werbeeinnahmen dürfen deshalb nur einen geringen Teil der Anstaltsetats ausmachen[43] (dementsprechend § 13 Abs. 1 Satz 1 des Rundfunkstaatsvertrags (RStV)). Ein klares, auch legitimitätssicherndes Signal würde freilich von einem strikten Werbeverbot im öffentlich-rechtlichen Rundfunk ausgehen, das die Unabhängigkeit der Anstalten unterstreichen könnte und die Frage

40 Eine vornehmliche Finanzierung der öffentlich-rechtlichen Anstalten durch Werbeeinnahmen ist daher unzulässig; BVerfGE 83, 238 (311); zu weiteren Gefahren *Arne Hasse*, Die Finanzierung des öffentlich-rechtlichen Rundfunks, 2005, S. 99 f.

41 BVerfGE 119, 181 (220).

42 BVerfGE 119, 181 (220).

43 BVerfGE 87, 181 (199); 90, 60 (91); auch *Armin Dittmann*, Die Finanzierung des öffentlich-rechtlichen Rundfunks durch eine Medienabgabe, 2009, S. 16; *Stephanie Schiedermair*, Rundfunkfinanzrecht, in: Schiwy/Schütz/Dörr, Medienrecht, 5. Aufl. 2010, S. 475 (476).

nach der quantitativen Obergrenze zulässiger Werbung im öffentlich-rechtlichen Rundfunk entbehrlich machen würde[44].

Dies drängt auf eine hauptsächliche Finanzierung des öffentlich-rechtlichen Rundfunks durch öffentliche, gemeinwohlgebundene Mittel[45]. Hierauf richtet sich in der Sache der Finanzierungsanspruch der Anstalten, den das Bundesverfassungsgericht aus dem Grundversorgungsauftrag ableitet[46]. Die Art der gebotenen Finanzierung folgt hier also aus den Eigenheiten der finanzierten Aufgabe[47]. Die Finanzierungsform darf die Aufgabenwahrnehmung nicht verfälschen, sondern muss ihr vielmehr dienen. Der Gemeinwohlauftrag der öffentlich-rechtlichen Rundfunkanstalten verlangt somit die Finanzierung durch öffentliche, gemeinwohlgebundene, nicht dagegen Partikularinteressen befördernde Geldmittel.

2. Ausgleich zwischen Finanzierungsanspruch und Mäßigungsanspruch

An erster Stelle muss sich der Umfang der Finanzierung an der Aufgabe, konkret an den Programmentscheidungen der Anstalten und damit an ihrem Finanzierungsbedarf orientieren[48], um die Programmautonomie zur Entfaltung zu bringen, dem Prinzip der Staatsferne zu entsprechen und dadurch die Grundversorgung zu sichern.

Zugleich ist allerdings zu berücksichtigen, dass die Finanzierung aus öffentlichen Mitteln auf steuerlichen oder anderen Abgabenbelastungen der Bürger beruht; es gibt kein staatliches Geben ohne vorheriges staatliches Nehmen. Diese Abgabenbelastungen sind freiheits- und gleichheitsgrund-

---

44 So auch *Martin Bullinger*, Freiheit von Presse, Rundfunk, Film, in: Isensee/Kirchhof (Hrsg.), Handbuch des Staatsrechts der Bundesrepublik Deutschland, Bd. 7, 3. Aufl. 2009, § 163 Rdnr. 165; *Paul Kirchhof*, Die Finanzierung des öffentlich-rechtlichen Rundfunks, 2010, S. 50; *Stephanie Schiedermair*, Rundfunkfinanzrecht, in: Schiwy/Schütz/Dörr, Medienrecht, 5. Aufl. 2010, S. 475 (489).

45 *Paul Kirchhof*, Die Finanzierung des öffentlich-rechtlichen Rundfunks, 2010, S. 18.

46 BVerfGE 73, 118 (158); 74, 297 (324 f., 342); 87, 181 (198); 89, 144 (153); 90, 60 (90); *Stephanie Schiedermair*, Rundfunkfinanzrecht, in: Schiwy/Schütz/Dörr, Medienrecht, 5. Aufl. 2010, S. 475 (479 f.).

47 *Paul Kirchhof*, Die Finanzierung des öffentlich-rechtlichen Rundfunks, 2010, S. 21; *Michael Droege*, Steuerung durch finanzielle Anreize, finanzieller Ausgleich für regulatorische Markteingriffe, in: Bayerische Landeszentrale für neue Medien (Hrsg.), BLM-Symposium Medienrecht 2011, 2011, S. 97 (105).

48 BVerfGE 90, 60 (102); auch „die Finanzierung muss entwicklungsoffen und entsprechend bedarfsgerecht gestaltet werden“; so BVerfGE 119, 181 (218).

rechtlich zu mäßigen. Das Rundfunkverfassungsrecht trifft an dieser Stelle auf das auch individualschützende Finanzverfassungsrecht. Der Staat ist deshalb gehalten, bei der Entscheidung über die Höhe der Anstaltsetats und damit der zugrundeliegenden Abgabenbelastung auch die vor übermäßiger Abgabenlast schützenden Grundrechte der Bürger im Auge zu behalten und den Finanzierungswünschen der Anstalten mit diesen Maßgaben entgegenzutreten[49], ohne dabei aber wiederum das Prinzip der Staatsferne zu verletzen, ohne also Einfluss auf die Programminhalte der Anstalten zu nehmen. Im Ergebnis ist die Programmautonomie der Anstalten, letztlich die Rundfunkfreiheit, auf den grundrechtlichen Schutz der Bürger vor unmäßigen Abgabenbelastungen abzustimmen (praktische Konkordanz).

3. Anleitung durch Gesetz und Verfahren

Grundrechtssichernd wirkt hier sowohl zugunsten der Rundfunkfreiheit als auch zugunsten der ökonomischen Freiheit der Bürger die Vorformung der Finanzierungs- und damit Abgabenentscheidung durch allgemeines, insbesondere verfahrensausgestaltendes Gesetz[50]. Die Abstraktion des allgemeinen Gesetzes und die Anleitung der Entscheidungsfindung durch ein Verfahren bewahren die Rundfunkanstalten vor staatlicher Einflussnahme auf die konkrete Programmgestaltung[51]. Der Gesetzesvorbehalt und das Entscheidungsverfahren schützen zugleich den Bürger gegenüber dem Eingriff in Freiheit und Eigentum und sichern diesen Eingriff demokratisch-rechtsstaatlich ab (Grundrechtsschutz durch Verfahren).

Das auf Grundlage des 8. Rundfunkurteils des Bundesverfassungsgerichts[52] durch den 3. Rundfunkänderungsstaatsvertrag landesgesetzlich neu gestaltete Verfahren[53] der Bedarfsanmeldung durch die Rundfunkanstalten,

---

49 Grundlegend zum Gesetzesvorbehalt im Bereich des Anstaltswesens die Facharzt-Entscheidung des Bundesverfassungsgerichts; BVerfGE 33, 125 (158 f.).

50 Zur verfahrensrechtlichen Form der Abstimmung zwischen Finanzierungsbedarf und Grundrechtsschutz *Dieter Dörr/Rolf Schwartmann*, Medienrecht, 4. Aufl. 2012, Rdnr. 213.

51 Zur Unzulässigkeit programmbezogener Vorgaben mittels Festsetzung der Abgabenhöhe BVerfGE 119, 181 (221).

52 BVerfGE 90, 60.

53 Ausführlich *Arne Hasse*, Die Finanzierung des öffentlich-rechtlichen Rundfunks, 2005, S. 175 ff.; *Philipp Karl Julius Mohr*, Legitimationsdefizite bei der Bestimmung der Höhe der Rundfunkgebühr, 2012, S. 81 ff.

der Bedarfsermittlung und -feststellung durch die Sachverständigen-Kommission zur Ermittlung des Finanzbedarfs der Rundfunkanstalten (KEF), des hierauf beruhenden Abgabenvorschlags der KEF und der daran anschließenden rechtsverbindlichen Entscheidung des Landesgesetzgebers, bei der nur noch begrenzt und mit näherer Begründung vom Vorschlag der KEF abgewichen werden darf[54], erscheint in der Gesamtschau der Verfahrensschritte als grundsätzlich angemessen, um die praktische Konkordanz der im Raum stehenden Freiheiten zu gewährleisten. Das Verfahren ist in seiner Grundstruktur geeignet, eine sachgerechte Finanzausstattung der Anstalten bei gleichzeitiger Wahrung der rechtlich geschützten Interessen der Abgabenschuldner zu sichern[55].

54 BVerfGE 119, 181 (226 ff.); dazu *Rudolf Wendt*, in: von Münch/Kunig (Hrsg.), Grundgesetz, Kommentar, 6. Aufl. 2012, Art. 5 Rdnr. 48b.

55 *Dieter Dörr/Rolf Schwartmann*, Medienrecht, 4. Aufl. 2012, Rdnr. 214; *Wieland Bosman*, Paradigmenwechsel in der Rundfunkfinanzierung: Von der Rundfunkgebühr zum Rundfunkbeitrag, K&R 2012, S. 5 (6); siehe auch die Maßgabenkonkretisierung bei *Christoph Degenhart*, Rechtsfragen einer Neuordnung der Rundfunkgebühr, ZUM 2009, S. 374 (379 f.); kritisch dagegen *Philipp Karl Julius Mohr*, Legitimationsdefizite bei der Bestimmung der Höhe der Rundfunkgebühr, 2012, S. 215 f. (zu wenig gesetzgeberischer Einfluss auf die Abgabenhöhe).

D. Der Beitrag als adäquate Abgabenart zur Finanzierung des öffentlich-rechtlichen Rundfunks

Die rundfunkverfassungsrechtlich vorgegebenen Eigenheiten der finanzierten Aufgabe, die auf eine hauptsächliche Finanzierung des öffentlich-rechtlichen Rundfunks durch öffentliche Abgabenerträge drängen, erlangen determinierende Kraft auch für die Entscheidung über die konkret gebotene Finanzierungsform. Das Rundfunkverfassungsrecht wirkt hier unmittelbar mit dem Finanzverfassungsrecht und seinen Kategorien und Maßgaben zusammen.

I. Steuern

1. Die Voraussetzungslosigkeit der Steuer

Im Zentrum der staatlichen Finanzierungsformen steht die Steuer, die sich mit der Entstehung des modernen Staates und der Ausbildung einer Geldwirtschaft zur Hauptfinanzierungsquelle staatlicher Aufgaben entwickelt hat. Die Vorschriften der Einnahmenverfassung (Art. 105 bis 108 GG), die weitgehend von der Steuer handeln, sind unmittelbarer Ausdruck dieses Steuerstaatskonzepts[56]. Der Steuerstaat belässt die Produktionsfaktoren in privater Hand, verzichtet also strukturell auf eine staatliche Erwerbswirtschaft, und beschränkt sich darauf, am Erfolg des freiheitlichen unternehmerischen Handelns zu partizipieren. Er gründet deshalb auch auf den Freiheitsgrundrechten, insbesondere aus Art. 12 Abs. 1 und Art. 14 Abs. 1 GG[57].

Während zur abstrakten Rechtfertigung der Steuer auf die Gesamtheit der staatlichen Leistungen verwiesen werden kann (Gedanke der Globaläqui-

---

56 Zum Konzept des Steuerstaats *Josef Isensee*, Steuerstaat als Staatsform, in: Stödter/Thieme (Hrsg.), FS für Ipsen zum 70. Geburtstag, 1977, S. 409 ff.; *Klaus Vogel*, Der Finanz- und Steuerstaat, in: Isensee/Kirchhof (Hrsg.), Handbuch des Staatsrechts der Bundesrepublik Deutschland, Bd. 2, 3. Aufl. 2004, § 30 Rdnr. 69 ff.; aus der Rechtsprechung BVerfGE 78, 249 (266 f.); 82, 159 (178); 93, 319 (342); 101, 141 (147).

57 *Paul Kirchhof*, Die Steuern, in: Isensee/Kirchhof (Hrsg.), Handbuch des Staatsrechts der Bundesrepublik Deutschland, Bd. 5, 3. Aufl. 2007, § 118 Rdnr. 2.

valenz), zumal auf die Infrastrukturleistungen, die dem privaten wirtschaftlichen Erfolg zugrunde liegen (Markteinkommenstheorie), hat sich als Maßstab einer freiheits- und gleichheitsgerechten Individualbesteuerung das Leistungsfähigkeitsprinzip etabliert[58], nach dem der Einzelne in tatbestandlicher Anknüpfung an Manifestationen wirtschaftlicher Leistungsfähigkeit besteuert wird[59], sei es im Zeitpunkt des Vermögenshinzuerwerbs, während der Innehabung von Vermögen oder im Zeitpunkt der Vermögensverwendung. Die Bemessung der Steuer nach der individuellen wirtschaftlichen Fähigkeit, zur Deckung der Staatsausgaben beizutragen, und die dadurch erreichte Abkopplung der Steuer von staatlichen Gegenleistungen sichern die demokratisch und rechtsstaatlich gebotene Unbefangenheit des Staates gegenüber seinen Financiers und erlauben es dem Staat, Ausgabenentscheidungen nach je sachbereichsspezifischen Prinzipien zu treffen, so nach dem Prinzip der Bedürftigkeit[60].

Eines der verfassungskonkretisierenden[61] Definitionsmerkmale der Steuer gemäß § 3 AO ist deshalb ihre Voraussetzungslosigkeit[62]. Der Tatbestand der steuerauslösenden Norm knüpft allein an wirtschaftliche Leistungsfähigkeit an. Er ist unabhängig von konkreten staatlichen Ausgaben, insbesondere von staatlichen Gegenleistungen an den Steuerzahler. Steuerpflichtig ist, wer aufgrund seiner Leistungsfähigkeit zur Deckung der allgemeinen Staatsausgaben imstande ist, nicht dagegen, wer eine staatliche Leistung erhält.

2. Rundfunk im Gegenseitigkeitsverhältnis

Schon im ersten Zugriff lässt dies die Steuer als zur Rundfunkfinanzierung ungeeignet erscheinen. Weil und soweit sich diese Finanzierung dadurch begründet, dass dem Zahlungspflichtigen der Zugang zum öffentlich-recht-

---

58 Aus jüngerer Zeit BVerfGE 93, 121 (134 ff.); 107, 27 (46 ff.); 116, 164 (180); 117, 1 (30 f.); 121, 108 (119); 122, 210 (230 f.); 123, 111 (120); 126, 400 (417); 127, 224 (245); aus der Literatur etwa *Dieter Birk*, Das Leistungsfähigkeitsprinzip als Maßstab der Steuernormen, 1983.

59 *Johanna Hey*, in: Tipke/Lang (Hrsg.), Steuerrecht, 21. Aufl. 2013, § 3 Rdnr. 54.

60 *Paul Kirchhof*, Die Steuern, in: Isensee/Kirchhof (Hrsg.), Handbuch des Staatsrechts der Bundesrepublik Deutschland, Bd. 5, 3. Aufl. 2007, § 118 Rdnr. 3.

61 Grundlegend BVerfGE 3, 407 (435); auch BVerfGE 7, 244 (251).

62 Dazu *Klaus-Dieter Drüen*, in: Tipke/Kruse (Hrsg.), Abgabenordnung, Finanzgerichtsordnung, Kommentar, Stand: November 2012, § 3 AO Rdnr. 18 ff.

lichen Rundfunk eröffnet wird, und der Tatbestand der Zahlungspflicht auf diesen Zugang Bezug nimmt, wird ein individuelles Leistungs- und Gegenleistungsverhältnis vorausgesetzt und rechtlich gefasst, das mit der Steuer als voraussetzungsloser Gemeinlast für die allgemeinen Staatsaufgaben nicht vereinbar ist[63]. Das Tauschverhältnis deutet vielmehr auf die Finanzierungsformen der Gebühr und des Beitrags. Die Ausgestaltung nach der Leistungsäquivalenz schützt den Bürger, dem gegenüber sich die Abgabe durch die Gegenleistung legitimieren muss. Der Äquivalenzzusammenhang schützt zugleich die Anstalten in ihrer Programmautonomie; denn die Leistung des Programmangebots begründet den Zufluss des Abgabenertrags an die Anstalten, also die Absonderung vom allgemeinen Staatshaushalt.

3. Unzulässigkeit einer Rundfunksteuer

Die mangelnde Eignung der Steuer als Mittel zur Rundfunkfinanzierung bestätigt sich bei Anlegung der steuerverfassungsrechtlichen Rahmenvorgaben[64].

a) Keine eigene Steuer der Anstalten unter dem Grundgesetz

In Betracht kommt zunächst eine eigene Steuer der Anstalten. Die Steuergesetzgebungs- und Steuerertragskompetenzen sind jedoch verfassungsrechtlich abschließend geregelt[65] und mit einer historisch begründeten Ausnahme allein Bund und Ländern, punktuell auch den Kommunen (Art. 106 Abs. 5, Abs. 5a und Abs. 6 GG) zugewiesen. Die Ausnahme betrifft die körperschaftlich verfassten Religionsgesellschaften, die nach Art. 140 GG i. V.

---

63 Ebenso im grundsätzlichen Zugriff *Arne Hasse*, Die Finanzierung des öffentlich-rechtlichen Rundfunks, 2005, S. 173; anders dagegen *Klaus Hümmerich/Klaus Beucher*, Rundfunkfinanzierung auf dem Prüfstand, AfP 1989, S. 708 (714 f.), dies allerdings nur unter Verweis auf die – komplementär zum Privatrundfunk stehende – „Versorgung der Bevölkerung mit Information und Unterhaltung".

64 Während die Einordnung einer vorgefundenen Abgabe als Steuer oder Entgelt allein vom jeweiligen Abgabentatbestand abhängt, kann über die Eignung einer bestimmten Abgabenform für einen bestimmten Finanzierungszweck nur unter Berücksichtigung der Rechtmäßigkeitsanforderungen dieser Abgabenform entschieden werden.

65 *Markus Heintzen*, in: von Münch/Kunig (Hrsg.), Grundgesetz, Kommentar, Bd. 2, 6. Aufl. 2012, Art. 105 Rdnr. 45 f. m. w. N.

m. Art. 137 Abs. 6 WRV das Recht haben, Kirchensteuern zu erheben. Diese Steuererhebungskompetenz geht historisch im Wesentlichen auf die Zeit nach dem Reichsdeputationshauptschluss 1803 und die Säkularisierung kirchlicher Güter zurück, als die Sicherstellung der weiteren Kirchenfinanzierung in Frage stand und den Kirchen von den Landesherren deshalb die kirchliche Steuerhoheit angeboten oder auch aufgedrängt wurde[66].

Das viele Jahrhunderte zurückreichende, komplexe Verhältnis zwischen Staat und Kirchen als den beiden großen Trägern von Hoheitsgewalt, im Rahmen dessen es – korrespondierend zur Säkularisierung – zur Herausbildung des eigenständigen Kirchensteuerrechts gekommen ist, ist mit dem Verhältnis zwischen Staat und Rundfunkanstalten nicht zu vergleichen. Die Ausgestaltung eines eigenständigen Besteuerungsrechts einer funktional separierten juristischen Person des öffentlichen Rechts, das neben dem Besteuerungsregime von Bund, Ländern und Kommunen steht, ist deshalb nicht zu legitimieren.

Ein solches Recht würde die Geschlossenheit und Konsistenz des Besteuerungsregimes der Gebietskörperschaften durchbrechen. Dies würde die Gefahr von Überbelastungen begründen, zumal sich die Frage nach der richtigen Steuerbemessung im Einzelfall stellte, und auch den bundesstaatlichen Finanzausgleich verzerren, der auf einem Katalog von Steuerarten aufbaut (Art. 106 GG)[67].

---

66 *Heiner Marré*, Das kirchliche Besteuerungsrecht, in: Listl/Pirson (Hrsg.), Handbuch des Staatskirchenrechts der Bundesrepublik Deutschland, 2. Aufl. 1994, S. 1101 ff.

67 Im Übrigen würde die Einführung einer Steuer in der Regelungs- und Ertragszuständigkeit der Anstalten eine Verfassungsänderung erfordern; *Arne Hasse*, Die Finanzierung des öffentlich-rechtlichen Rundfunks, 2005, S. 221 f.; *Hans D. Jarass*, Verfassungsrechtliche Fragen einer Reform der Rundfunkgebühr, Rechtswissenschaftliches Gutachten, Mai 2007, S. 42; *Armin Dittmann*, Die Finanzierung des öffentlich-rechtlichen Rundfunks durch eine Medienabgabe, 2009, S. 16; *Christian Waldhoff*, Die Steuerfinanzierung als rundfunk- und finanzverfassungsrechtlich adäquate Finanzierungsform des öffentlich-rechtlichen Rundfunks, Rechtsgutachten erstattet im Auftrag der Thüringer Staatskanzlei, August 2010, S. 78; *Axel Schneider*, Warum der Rundfunkbeitrag keine Haushaltsabgabe ist – und andere Fragen zum Rundfunkbeitragsstaatsvertrag, NVwZ 2013, S. 19 (19 f.); *Gyde Maria Bullinger*, Der neue Rundfunkbeitrag – Formell verfassungsgemäß oder unzulässige Steuer?, Wissenschaftliche Dienste des Deutschen Bundestages, Az. WD 10 - 3000 - 009/13, 2013, S. 6.

b) Tatbestandliche und kompetenzielle Probleme einer staatlichen Rundfunkverbrauchsteuer

Ein anderer Ansatz zur Rechtfertigung einer Rundfunksteuer könnte darin bestehen, den Rundfunkkonsum als Ausdruck wirtschaftlicher Leistungsfähigkeit zu deuten, an die die Rundfunkabgabe als staatliche Verbrauchsteuer im Sinne von Art. 106 Abs. 1 Nr. 2 GG anknüpft. Diese würde dann zweckgebunden zur Finanzierung des öffentlich-rechtlichen Rundfunks eingesetzt werden (Zwecksteuer)[68], der sich nach diesem Modell als allgemeine, staatssteuerlich zu finanzierende Staatsaufgabe darstellte.

Doch ist auch dieser Ansatz nicht tragfähig. Denn Verbrauchsteuern setzen in ihrer tatbestandlichen Grundstruktur einen privatwirtschaftlichen Marktvorgang voraus, der wirtschaftliche Leistungsfähigkeit indiziert und deshalb als Bemessungsgrundlage für die Ermittlung einer freiheits- und gleichheitsgerechten Steuer auf die Vermögensverwendung dienen kann, sei es der Übergang einer Ware aus dem Steuerlager des Unternehmers in den freien Verkehr, sei es die Verschaffung von Verfügungsmacht gegen Entgelt. Steuerschuldner ist bei den Verbrauchsteuern der Unternehmer, der die Steuer regelmäßig im Preis auf den Endverbraucher überwälzt[69]. Vorliegend stehen sich aber die finanzierungsbedürftige Anstalt und der Bürger, dem das Rundfunkangebot unterbreitet wird, unmittelbar gegenüber, ohne dass es zu einem privatwirtschaftlichen, Leistungsfähigkeit belegenden Austausch am Markt käme. Es fehlt mithin an einer Bemessungsgrundlage, die sich aus einem Konsumakt ableiten lassen könnte[70]. Soweit auch der nicht private, vor allem gewerbliche Bereich in die Rundfunkfinanzierung einbezogen werden soll, bewegt sich der Abgabenschuldner ohnehin in der Er-

---

68 Zur Zulässigkeit der Zweckbindung von Steuererträgen (Zwecksteuern) BVerfGE 49, 343 (353 f.); 110, 274 (294 f.); *Christian Waldhoff*, Die Zwecksteuer. Verfassungsrechtliche Grenzen der rechtlichen Bindung des Aufkommens von Abgaben, StuW 2002, S. 285 ff.; anders als es *Armin Dittmann*, Die Finanzierung des öffentlich-rechtlichen Rundfunks durch eine Medienabgabe, 2009, S. 29 voraussetzt, schließt die Zweckbindung des Abgabenaufkommens die Qualifikation als Steuer also keineswegs aus.

69 Zur Überwälzung als Regel bei den Verbrauchsteuern BVerfGE 14, 76 (96); 69, 174 (183); 98, 106 (124).

70 Ebenso *André Fiebig*, Gerätebezogene Rundfunkgebührenpflicht und Medienkonvergenz, 2008, S. 235.

werbs-, nicht der Konsumsphäre[71]. Auch dies zeigt, dass hier in Wirklichkeit und ausschließlich ein bipolares Austauschverhältnis zwischen Staat und Bürger gegenständlich ist. Tatbestandlich ist nicht wirtschaftliche Leistungsfähigkeit, sondern das anstaltsseitige Angebot des Rundfunkprogramms. Es gibt keine privatwirtschaftlich gehandelte Ware oder sonstige Leistung, mithin keine Menge und kein Entgelt, an die eine Steuer anknüpfen könnte (vgl. §§ 10 und 12 UStG). Bemessungsgrundlage und Entgelt fallen hier gleichsam zusammen[72].

Erwägen mag man insoweit allenfalls, die Rundfunksteuer als besondere Verbrauchsteuer auf den Erwerb von Empfangsgeräten auszugestalten. Abgesehen davon, dass der Gerätebezug in die Vergangenheit weist und zur Sicherung einer wirklichkeitsgerechten Abgabenerhebung überwunden werden soll, hat die wirtschaftliche Leistungsfähigkeit, die sich im Erwerb eines günstigen oder teuren Empfangsgeräts manifestiert, aber mit der Werthaltigkeit des durch die Anstalten unterbreiteten Rundfunkangebots nichts zu tun. Der Wert dieses Angebots ist für alle Bürger grundsätzlich gleich hoch, unabhängig von der Art der genutzten Geräte. Zudem wird ein Gerät nur einmal angeschafft, der Rundfunk aber laufend konsumiert. Auch das Entgelt für den Geräteerwerb kommt deshalb als Bemessungsgrundlage für eine Rundfunkverbrauchsteuer nicht in Betracht.

Im Übrigen ist zu bedenken, dass die Verbrauchsteuererträge durch Art. 106 Abs. 1 Nr. 2 GG dem Bund zugewiesen sind. Die Gesetzgebungskompetenz für die besonderen Verbrauchsteuern ist aufgrund dessen gemäß Art. 105 Abs. 2 Alt. 1 GG eine konkurrierende Bundeskompetenz. Diese zwingende Ertrags- und Gesetzgebungskompetenzzuordnung an den Bund lässt eine Mittelweitergabe an die Anstalten, deren „Muttergemeinwesen“ die Länder sind, nicht zu (Verbot der Fremd- oder Mischfinanzierung)[73] und ist auch mit der strikten Länderzuständigkeit für die Regelung des Rund-

---

71 *Christoph Degenhart*, Verfassungsfragen des Betriebsstättenbeitrags nach dem Rundfunkbeitragsstaatsvertrag der Länder, Rechtsgutachten, K&R Beihefter 1/2013 zu Heft 3, S. 1 (13), der deshalb – insoweit zu Recht – eine Einordnung als Aufwandsteuer ausschließt.

72 Daraus ergibt sich zugleich, dass steuerbare wirtschaftliche Leistungsfähigkeit auch nicht aus der Zahlung der Rundfunkabgabe selbst abgeleitet werden kann. Dies würde steuertechnisch eine 100%-Besteuerung unter Zugrundelegung der Bemessungsgrundlage des Entgelts bedeuten, Tatbestand und Rechtsfolge konfundieren und die Unterscheidung zwischen Entgelten und Steuern ad absurdum führen.

73 Zum zwingenden Charakter der Kompetenzverteilung nach der Finanzverfassung BVerfGE 32, 145 (156); 55, 274 (301); 105, 185 (194).

funks (Art. 70 Abs. 1 GG) nicht zu vereinbaren[74]. Abgesehen von den steuerdogmatischen Problemen des verbrauchsteuerlichen Modells wäre hier also eine Verfassungsänderung erforderlich (Art. 79 GG), die eine Rundfunksteuer als besondere Verbrauchsteuer in der Regelungs- und Ertragszuständigkeit der Länder einführen müsste.

Ganz ähnliche Probleme erwachsen schließlich beim Versuch einer Einordnung als örtliche Verbrauchsteuer (Art. 105 Abs. 2a Satz 1, 106 Abs. 6 Satz 1 GG). Auch insoweit stellt sich steuerdogmatisch die Frage nach der maßgeblichen Bemessungsgrundlage des Verbrauchs, an den die Steuer gekoppelt werden könnte[75]. Zudem ist der Verbrauch im vorliegenden Zusammenhang kein örtlicher, weil er nicht an örtliche Gegebenheiten anknüpft und die gemeindliche Abgabenerhebung darüber hinaus zu einem die Wirtschaftseinheit berührenden Steuergefälle führen kann[76]. Die Ertragskompetenz liegt im Fall der örtlichen Verbrauchsteuern verfassungsrechtlich zwingend bei den Gemeinden oder Gemeindeverbänden (Art. 106 Abs. 6 Satz 1 GG); auch dies ist mit der organisationsrechtlichen Anbindung der Rundfunkanstalten nicht vereinbar.

c) Unzulässigkeit einer sonstigen „Rundfunksteuer“ der Länder

Für eine in anderer Form ausgestaltete „Rundfunksteuer“ der Länder, mit der bei Licht betrachtet das Finanzierungsanliegen, aber nicht der Rechtfer-

---

74 Siehe auch *Julia Köster*, Einzug von Rundfunkbeiträgen durch die Finanzämter – eine tragfähige Alternative?, ZUM 2012, S. 946 (947).

75 *André Fiebig*, Gerätebezogene Rundfunkgebührenpflicht und Medienkonvergenz, 2008, S. 235.

76 Zu diesen Kriterien BVerfGE 65, 325 (349); auch BVerfGE 16, 306 (327); 40, 56 (61); 98, 106 (124); BVerwGE 45, 264 (274); 58, 230 (237 f.); mit gleichem Ergebnis im vorliegenden Zusammenhang *André Fiebig*, Gerätebezogene Rundfunkgebührenpflicht und Medienkonvergenz, 2008, S. 235; *Christian Waldhoff*, Die Steuerfinanzierung als rundfunk- und finanzverfassungsrechtlich adäquate Finanzierungsform des öffentlich-rechtlichen Rundfunks, Rechtsgutachten erstattet im Auftrag der Thüringer Staatskanzlei, August 2010, S. 75; *Eva Ellen Wagner*, Abkehr von der geräteabhängigen Rundfunkgebühr, 2011, S. 225; *Christoph Degenhart*, Verfassungsfragen des Betriebsstättenbeitrags nach dem Rundfunkbeitragsstaatsvertrag der Länder, Rechtsgutachten, K&R Beihefter 1/2013 zu Heft 3, S. 1 (13); auch *Hans D. Jarass*, Verfassungsrechtliche Fragen einer Reform der Rundfunkgebühr, Rechtswissenschaftliches Gutachten, Mai 2007, S. 47 (unter dem Gesichtspunkt der örtlichen Aufwandsteuer).

tigungsgrund der steuerlichen Belastung benannt ist, lassen weder das auf das Prinzip der Besteuerung nach der wirtschaftlichen Leistungsfähigkeit ausgerichtete System der Steuerarten noch das geltende Finanzverfassungsrecht Raum. Es ist nicht ersichtlich, an welche Form der Manifestation wirtschaftlicher Leistungsfähigkeit eine solche Steuer anknüpfen sollte[77]. Die Länder haben keine Kompetenz, eine derartige, in ihren Belastungsgründen unklare Steuer einzuführen[78]. Denn die Steuergesetzgebungs- und Steuerertragskompetenzen der Länder sind, ebenso wie die entsprechenden Kompetenzen des Bundes, auf die Steuerarten gemäß Art. 106 GG beschränkt[79].

4. Rundfunkfinanzierung aus den allgemeinen Steuererträgen?

a) Mangels Sachzusammenhangs unzulässige Zweckwidmung einer anderen Steuer

Vor diesem Hintergrund mag man erwägen, eine tatbestandlich nicht auf den Rundfunk, sondern auf andere Bemessungsgrundlagen bezogene Steuer her-

---

77 Siehe auch *Christoph Degenhart*, Rechtsfragen einer Neuordnung der Rundfunkgebühr, ZUM 2009, S. 374 (381) („Frage der Anknüpfung des Steuertatbestandes").

78 Ebenso *Hans D. Jarass*, Verfassungsrechtliche Fragen einer Reform der Rundfunkgebühr, Rechtswissenschaftliches Gutachten, Mai 2007, S. 48 f.; *André Fiebig*, Gerätebezogene Rundfunkgebührenpflicht und Medienkonvergenz, 2008, S. 235 f.; *Christian Waldhoff*, Die Steuerfinanzierung als rundfunk- und finanzverfassungsrechtlich adäquate Finanzierungsform des öffentlich-rechtlichen Rundfunks, Rechtsgutachten erstattet im Auftrag der Thüringer Staatskanzlei, August 2010, S. 76; *Eva Ellen Wagner*, Abkehr von der geräteabhängigen Rundfunkgebühr, 2011, S. 226; *Axel Schneider*, Warum der Rundfunkbeitrag keine Haushaltsabgabe ist – und andere Fragen zum Rundfunkbeitragsstaatsvertrag, NVwZ 2013, S. 19 (19 f.); *Christoph Degenhart*, Verfassungsfragen des Betriebsstättenbeitrags nach dem Rundfunkbeitragsstaatsvertrag der Länder, Rechtsgutachten, K&R Beihefter 1/2013 zu Heft 3, S. 1 (13 f.); *Stefan Korioth/Maxi Koemm*, Gut gemeint, doch schlecht gemacht: Die neue Rundfunkabgabe ist verfassungswidrig!, DStR 2013, S. 833 (836); *Gyde Maria Bullinger*, Der neue Rundfunkbeitrag – Formell verfassungsgemäß oder unzulässige Steuer?, Wissenschaftliche Dienste des Deutschen Bundestages, Az. WD 10 - 3000 - 009/13, 2013, S. 6; kritisch auch *Armin Dittmann*, Die Finanzierung des öffentlich-rechtlichen Rundfunks durch eine Medienabgabe, 2009, S. 15; a. A. *Klaus Hümmerich/Klaus Beucher*, Rundfunkfinanzierung auf dem Prüfstand, AfP 1989, S. 708 (715).

79 *Hanno Kube*, in: Epping/Hillgruber (Hrsg.), Beck'scher Onlinekommentar zum Grundgesetz, Stand: 1. Januar 2013, Art. 105 Rdnr. 42 f. m. w. N.

anzuziehen, um ihre Erträge ganz oder teilweise für die Finanzierung der Rundfunkanstalten zu reservieren.

Die gesetzliche Zweckbindung einer Steuer konfligiert mit dem haushaltsrechtlichen Non-Affektationsprinzip nach § 7 Satz 1 HGrG („Alle Einnahmen dienen als Deckungsmittel für alle Ausgaben."). Diesem Prinzip kommt Verfassungsrang zu, weil es die rechtsstaatlich und demokratisch gebotene Distanz zwischen dem Staat und seinen Financiers wirksam absichert[80]. Jede Vorabwidmung bestimmter Steuererträge für bestimmte Ausgaben verschafft dem Zahler der entsprechenden Steuern Einfluss auf die staatliche Aufgabenwahrnehmung und beschränkt ungeachtet der Tatsache, dass die Zweckwidmung ihrerseits gesetzlichen Ursprungs ist, die Gestaltungsräume des Aufgaben- und Haushaltsgesetzgebers, dem es zukommt, je nach Gesamtvolumen des Etats Prioritäten für das jeweilige Haushaltsjahr zu setzen.

Vorliegend sind aber zugleich die Spezifika des Rundfunkrechts zu berücksichtigen, die ihrerseits auf verfassungsrechtlichen Vorgaben, insoweit aus Art. 5 Abs. 1 Satz 2 Alt. 2 GG, beruhen. Die verfassungsrechtlich gebotene Programmautonomie der Anstalten und das sich daraus für den Staat ergebende Gebot der Staatsferne können in diesem Zusammenhang durchaus eine Vorabreservierung von Steuererträgen nahelegen, um die Tätigkeit der Anstalten wirtschaftlich abzusichern und ihre Finanzierungsgrundlage den jährlichen haushaltspolitischen Verteilungskämpfen zu entziehen. Dem verfassungskräftigen Non-Affektationsprinzip tritt insoweit also das ebenfalls verfassungskräftige Prinzip der Staatsferne im Bereich des öffentlich-rechtlichen Rundfunks gegenüber[81].

Doch scheitert die steuerliche Zweckbindung hier aus einem anderen Grund. Die Zweckbindung von Steuern, die den Gesamtdeckungsgrundsatz

---

80 So auch *Markus Heintzen*, Staatshaushalt, in: Isensee/Kirchhof (Hrsg.), Handbuch des Staatsrechts der Bundesrepublik Deutschland, Bd. V, 3. Aufl. 2007, § 120 Rdnr. 47; a. A. *Andreas Nebel*, in: Piduch (Hrsg.), Bundeshaushaltsrecht, Stand: Dezember 2008, Art. 110 Rdnr. 21; *Klaus Stern*, Staatsrecht, Bd. 2, 1980, S. 1244; *Werner Heun*, in: Dreier (Hrsg.), Grundgesetz, Kommentar, 2. Aufl. 2008, Art. 110 Rdnr. 17; offengelassen in BVerfGE 93, 319 (348) und in BVerfGE 110, 274 (294) („kann dahinstehen").

81 Mit diesem Grundansatz auch *Christian Waldhoff*, Die Steuerfinanzierung als rundfunk- und finanzverfassungsrechtlich adäquate Finanzierungsform des öffentlich-rechtlichen Rundfunks, Rechtsgutachten erstattet im Auftrag der Thüringer Staatskanzlei, August 2010, S. 81 ff. („Zulässigkeit von Verwendungszweckbindungen bei entsprechender verfassungsrechtlicher Grundlage").

durchbricht, ist auch bei Vorliegen verfassungskräftiger Gründe für diese Bindung in jedem Fall nur dann zulässig, wenn ein hinreichender sachlicher Zusammenhang zwischen der in Anspruch genommenen Steuer und dem zu finanzierenden Zweck besteht, der die Absonderung der konkreten Steuermittel rechtfertigt[82]. Inmitten steht hier die verfassungsrechtlich geforderte Symmetrie zwischen Abgabenpflicht und Finanzierungsverantwortung, die auch im Übrigen das staatliche Abgabensystem leitet. Deutlich wird dies in den Begriffen der allgemeinen Steuer als Gemeinlast, der Gebühren und Beiträge als Vorzugslasten und in der sonderabgabenrechtlichen Tatbestandsvoraussetzung der gruppenspezifischen Sachverantwortung. In diesem Licht ist auch die Vorschrift des § 7 Satz 2 HGrG zu lesen, die die gesetzliche oder haushaltsrechtliche Zweckwidmung von Steuern einfachrechtlich erlaubt. Weist die einzelne Steuer und damit der belastete Steuerpflichtige eine gewisse Nähe zu dem zu finanzierenden Zweck auf, ist das rechtsstaatliche und demokratische Unbehagen an der Hinwegsetzung über das Prinzip der Non-Affektation gemildert. Besteht diese Nähe zwischen der Steuer und dem Finanzierungszweck dagegen nicht, erscheint die Zweckbindung willkürlich.

Im wohl bekanntesten Beispiel für eine zulässige Verwendungsbindung von Steuermitteln, der nach Art. 1 des Straßenbaufinanzierungsgesetzes hälftigen Reservierung der Erträge der Mineralölsteuer für Zwecke des Straßenwesens, ist der gebotene Sachzusammenhang vorhanden[83].

Vorliegend kommt demgegenüber keine Steuerart – zumal in der vollständigen oder teilweisen Regelungs- und Ertragszuständigkeit der Länder – in Betracht, die eine in diesem Sinne hinreichende, besondere Nähe zum Zweck der Finanzierung des öffentlich-rechtlichen Rundfunks aufweisen würde[84]. Keine der in Art. 106 GG genannten und in der Praxis weiter konkretisierten Steuerarten hat eine solche Nähe. Dies verwundert auch nicht, wurde der öffentlich-rechtliche Rundfunk doch seit jeher in eigenständiger Weise finanziert und auch tatbestandlich nicht durch die Steuern in den Blick

82 Ebenso *Christian Waldhoff*, Die Steuerfinanzierung als rundfunk- und finanzverfassungsrechtlich adäquate Finanzierungsform des öffentlich-rechtlichen Rundfunks, Rechtsgutachten erstattet im Auftrag der Thüringer Staatskanzlei, August 2010, S. 84.

83 Dazu *Christoph Gröpl*, in: ders. (Hrsg.), BHO/LHO, Kommentar, 2011, § 8 Rdnr. 17.

84 Anderes gälte für eine Rundfunkverbrauchsteuer, die aber, wie dargelegt (siehe oben D.I.3.b.), aus anderen Gründen scheitert.

genommen. Die Zweckbindung einer anderen Steuer scheidet deshalb zur Finanzierung des öffentlich-rechtlichen Rundfunks aus[85].

b) Unzulässigkeit einer steuerlichen Ergänzungsabgabe zur Rundfunkfinanzierung

Gleiches gilt im Ergebnis für die Erhebung einer – dem Solidaritätszuschlag vergleichbaren – steuerlichen Ergänzungsabgabe zur Rundfunkfinanzierung, insbesondere für das Modell einer Medienabgabe in Anknüpfung an die Einkommensteuer[86]. Die Zweckbindung der Erträge einer solchen Ergänzungsabgabe scheitert ebenfalls am fehlenden sachlichen Zusammenhang zwischen der Bemessungsgrundlage und dem Finanzierungsanliegen. Zudem stehen die Erträge von Ergänzungsabgaben zur Einkommensteuer und zur Körperschaftsteuer verfassungsrechtlich zwingend dem Bund zu (Art. 106 Abs. 1 Nr. 6 GG), was wiederum mit dem Befund kollidiert, dass die „Muttergemeinwesen" der öffentlich-rechtlichen Rundfunkanstalten die Länder sind[87].

c) Rundfunkverfassungsrechtlich unzureichende gesetzliche Reservierung allgemeiner Haushaltsmittel

Verbietet sich damit eine Mittelbindung auf der Seite der Steuereinnahmen, bleibt noch die Option einer Bindung ausschließlich auf der Seite der Verwendung der allgemeinen, primär durch Steuererhebung generierten Haushaltsmittel der Länder[88]. Eine solche Bindung hätte die schlichte Gestalt eines parlamentarischen Leistungsgesetzes im weiteren Sinne.

---

85 *Arne Hasse*, Die Finanzierung des öffentlich-rechtlichen Rundfunks, 2005, S. 217 ff. sieht zudem Probleme im Hinblick auf die Finanzierungssicherheit.

86 Dazu auch *Julia Köster*, Einzug von Rundfunkbeiträgen durch die Finanzämter – eine tragfähige Alternative?, ZUM 2012, S. 946 (946 f.).

87 Ebenso zur Ergänzungsabgabe *Christian Waldhoff*, Die Steuerfinanzierung als rundfunk- und finanzverfassungsrechtlich adäquate Finanzierungsform des öffentlich-rechtlichen Rundfunks, Rechtsgutachten erstattet im Auftrag der Thüringer Staatskanzlei, August 2010, S. 76.

88 Befürwortend *Christian Waldhoff*, Die Steuerfinanzierung als rundfunk- und finanzverfassungsrechtlich adäquate Finanzierungsform des öffentlich-rechtlichen Rundfunks, Rechtsgutachten erstattet im Auftrag der Thüringer Staatskanzlei, August

Einer derartigen, rein haushaltsrechtlichen Lösung stehen jedoch besondere Bedenken mit Blick auf die rundfunkverfassungsrechtlichen Gebote der Programmautonomie und Staatsferne entgegen. Leistungsgesetze speisen sich im Vollzug aus dem allgemeinen Haushalt, aus dem grundsätzlich alle Staatsaufgaben finanziert werden. Sie stehen deshalb im Grundsatz in Konkurrenz und zur Disposition des Gesetzgebers, dem es zukommt, über Prioritäten zu entscheiden. Die haushaltsrechtliche Lösung setzt die Rundfunkfinanzierung somit – ungeachtet ihrer rundfunkverfassungsrechtlichen Gebotenheit – massiven Gefahren politischen Drucks aus. Es besteht ein greifbares Risiko inhaltlicher Einflussnahmen durch die Drohung mit Kürzungen, die sich angesichts der Erfordernisse der Haushaltskonsolidierung und gegebenenfalls auch von Konjunkturschwankungen leicht begründen lassen, alternativ auch durch das Angebot von Wohlverhaltensprämien; dies jährlich wiederkehrend im Zyklus der Haushaltsgesetzgebung, im Rahmen derer grundsätzlich alle Leistungsgesetze in das Blickfeld der politischen Öffentlichkeit gelangen, jedenfalls aber gebracht werden können. Das Beispiel der über staatliche Zuschüsse aus Haushaltsmitteln finanzierten Deutschen Welle steht hier als Mahnung im Raum[89]. Derartige Einflussnahmerisiken oder auch tatsächliche Einflussnahmen sind mit den verfassungsrechtlichen Anforderungen an die Abschirmung des öffentlich-rechtlichen Rundfunks gegenüber dem Staat nicht zu vereinbaren[90]. Geboten sind Fi-

---

2010, S. 88 ff.; wohl auch *Siegfried Jutzi*, Informationsfreiheit und Rundfunkgebührenpflicht, NVwZ 2008, S. 603 (608); *Stefan Korioth/Maxi Koemm*, Gut gemeint, doch schlecht gemacht: Die neue Rundfunkabgabe ist verfassungswidrig!, DStR 2013, S. 833 (836).

89 Siehe dazu die Erläuterungen von *Reinhard Hartstein*, in: Stern/Peifer/Hain (Hrsg.), Die Neuordnung der Finanzierung des öffentlich-rechtlichen Rundfunks, 2012, S. 69 f.; auch *Eva Ellen Wagner*, Abkehr von der geräteabhängigen Rundfunkgebühr, 2011, S. 228 f.; zu den Grenzen finanzieller Anreizsetzung im Bereich des öffentlich-rechtlichen Rundfunks auch *Michael Droege*, Steuerung durch finanzielle Anreize, finanzieller Ausgleich für regulatorische Markteingriffe, in: Bayerische Landeszentrale für neue Medien (Hrsg.), BLM-Symposium Medienrecht 2011, 2011, S. 97 (111 ff.).

90 Ebenso *Arne Hasse*, Die Finanzierung des öffentlich-rechtlichen Rundfunks, 2005, S. 211 ff.; *Hans D. Jarass*, Verfassungsrechtliche Fragen einer Reform der Rundfunkgebühr, Rechtswissenschaftliches Gutachten, Mai 2007, S. 53 f.; *Paul Kirchhof*, Die Finanzierung des öffentlich-rechtlichen Rundfunks, 2010, S. 32 („Die Staatsfreiheit der Rundfunkfinanzierung steht einer parlamentarischen Budgetkontrolle des dem Rundfunk vorbehaltenen Abgabenaufkommens strikt entgegen. Die Rundfunkfinanzierung muss so organisiert werden, dass der Abgabenertrag von

nanzierungsstrukturen, die den öffentlich-rechtlichen Rundfunk davor bewahren, in den Mahlstrom der zyklisch wiederkehrenden haushaltspolitischen Diskussion zu geraten.

II. Sonderabgaben

Der haushaltspolitischen Diskussion über die Zuordnungen aus dem Gesamtetat könnte die Rundfunkfinanzierung entzogen werden, wenn sie als eigenständiger, durch Sonderabgaben gespeister Einnahmen- und Ausgabenkreislauf (Sondervermögen)[91] organisiert werden dürfte.

1. Ausnahmsweise Anknüpfung an vorausliegende Sachverantwortung

Sonderabgaben haben sich in der Rechtsprechung des Bundesverfassungsgerichts als eine besondere, nur unter strengen Voraussetzungen zulässige Finanzierungsform herausgebildet[92]. Sie rechtfertigen sich, als „seltene Ausnahme"[93], in ihrer Belastungswirkung und ihrer Haushaltsflüchtigkeit neben Steuern und Individualentgelten allein dann, wenn sie einem bestimmten Sachzweck dienen, der die Inanspruchnahme einer Sachkompetenz (Art. 70 ff. GG) legitimiert, wenn sie eine homogene Gruppe belasten, der

---

vornherein den Rundfunkanstalten vorbehalten bleibt, staatliche Organe also nicht über die Verwendung dieses Abgabeaufkommens entscheiden."); *Eva Ellen Wagner*, Abkehr von der geräteabhängigen Rundfunkgebühr, 2011, S. 227 ff.; *Julia Köster*, Einzug von Rundfunkbeiträgen durch die Finanzämter – eine tragfähige Alternative?, ZUM 2012, S. 946 (947 f.); *Axel Schneider*, Warum der Rundfunkbeitrag keine Haushaltsabgabe ist – und andere Fragen zum Rundfunkbeitragsstaatsvertrag, NVwZ 2013, S. 19 (20); im Ergebnis auch *Christoph Degenhart*, Rechtsfragen einer Neuordnung der Rundfunkgebühr, ZUM 2009, S. 374 (381) („erfordert ... so differenzierte Kautelen, dass" diese Finanzierungsform „keine relevanten Vorteile mehr böte"); *Dieter Grimm*, in: FAZ v. 11.1.2013, S. 7; *Gyde Maria Bullinger*, Der neue Rundfunkbeitrag – Formell verfassungsgemäß oder unzulässige Steuer?, Wissenschaftliche Dienste des Deutschen Bundestages, Az. WD 10 - 3000 - 009/13, 2013, S. 6; mit Bedenken im Rahmen der Diskussion in Österreich *Michael R. Kogler*, Rundfunk-Gebühr, Programm-Entgelt oder „Audiovisions-Steuer", Medien und Recht 2009, S. 267 (276 f.).

91 Die Zweckbindung auf Ertragsseite ist eines der Wesensmerkmale von Sonderabgaben.

92 Grundlegend BVerfGE 55, 274 (304 ff.).

93 BVerfGE 55, 274 (308); 91, 186 (203); 92, 91 (113); 101, 141 (147).

eine spezifische, vorgefundene Sachverantwortung zukommt, und wenn das finanzierte Staatshandeln die Gruppe von ihrer Sachverantwortung befreit, die Abgabe in diesem Sinne also gruppennützig verwendet wird[94]. Sonderabgaben wandeln unterstellte Sachverantwortung in Finanzierungsverantwortung um. Sie sind aufgrund der Gruppennützigkeit des finanzierten Staatshandelns als abstrahierte Form des Individualentgelts anzusehen und damit den Entgelten in Gegenüberstellung zu den Steuern als Gemeinlasten zuzuordnen.

Bedenken werfen Sonderabgaben gleichwohl insoweit auf, als sie allein auf eine unterstellte Sachverantwortung gestützt werden, also unabhängig davon erhoben werden können, ob den Gruppenmitgliedern greifbare, äquivalente Vorteile jenseits der Befreiung von der tatsächlichen oder vermeintlichen Sachverantwortung zufließen[95]. Sonderabgaben stehen insoweit in bedenklicher Nähe zu Steuern, was die Steuerstaatlichkeit ebenso wie den Gesamtdeckungsgrundsatz des Haushaltsrechts strapaziert.

Der regeldurchbrechende Ausnahmecharakter der Sonderabgaben kommt nicht zuletzt darin zum Ausdruck, dass der Fortbestand ihrer Voraussetzungen im Einzelfall periodisch wiederkehrend überprüft werden muss[96] und dass Sonderabgabenkreisläufe haushaltsrechtlich besonders dokumentiert werden müssen[97].

Das Bundesverfassungsgericht, das die Kategorie der Sonderabgabe konturiert hat, steht dieser Abgabe mit Blick auf ihre finanz- und haushaltsverfassungsrechtliche Bedenklichkeit zugleich kritisch gegenüber. In der Rechtsprechung des Gerichts finden sich zahlreiche Entscheidungen, durch die Sonderabgaben als verfassungswidrig verworfen wurden[98].

---

94 Zu diesen Voraussetzungen BVerfGE 55, 274 (304 ff.); 67, 256 (275 ff.); 82, 159 (180 f.); 101, 141 (147 f.); 108, 186 (217 f.); 110, 370 (389); 113, 128 (149 f.); 122, 316 (334 f.); 123, 132 (142).

95 Siehe die detaillierte Analyse bei *Christian Thiemann*, Die Dogmatik der Sonderabgabe im Umbruch, AöR Bd. 138 (2013), S. 60 ff.

96 BVerfGE 55, 274 (308); 82, 159 (181).

97 Erstmals in BVerfGE 108, 186 (218); sodann BVerfGE 110, 370 (389); 113, 128 (150).

98 Siehe den Überblick bei *Hanno Kube*, in: Epping/Hillgruber (Hrsg.), Beck'scher Onlinekommentar zum Grundgesetz, Stand: 1. Januar 2013, Art. 105 Rdnr. 19.3.

2. Mangelnde Eignung zur Rundfunkfinanzierung

Stellt man dieser Grundcharakteristik der Sonderabgabe als einem nur ausnahmsweise zulässigen und idealtypisch vorübergehend einzusetzenden Finanzierungsinstrument das verfassungsrechtlich vorgezeichnete Bild des öffentlich-rechtlichen Rundfunks gegenüber, so erweist sich, dass auch die Sonderabgabe zur Rundfunkfinanzierung ungeeignet ist[99]. Der öffentlich-rechtliche Rundfunk begründet keinen nur ausnahmsweise entstehenden, vorübergehenden, besonderen Finanzierungsbedarf, sondern ist institutionell in der Verfassung angelegt und von einer Bestands- und Entwicklungsgarantie getragen, erfordert mithin ein entsprechend solides, auf Dauer angelegtes finanzielles Fundament[100].

Auch bilden die Adressaten des öffentlich-rechtlichen Rundfunkangebots keine homogene Gruppe, der eine dem Recht vorausliegende Verantwortung für den Rundfunk zukäme, die sich in eine Finanzierungsverantwortung ummünzen ließe[101]. Vielmehr ist der öffentlich-rechtliche Rundfunk staatlich konstituiert. Der Staat macht mithin das öffentlich-rechtliche Rundfunkangebot, das als staatliche Leistung zu entgelten ist. Der Staat befreit den Bürger mit anderen Worten nicht von einer vorausliegenden Sachverantwortung, was sich der Staat bezahlen lassen dürfte; entgolten wird vielmehr eine originäre staatliche Leistung, die den Bürger begünstigt.

III. Gebühren und Beiträge

Auch die Prüfung der Sonderabgabe drängt mithin auf die Finanzierung des öffentlich-rechtlichen Rundfunks durch Vorzugslasten, also durch Gebühren oder Beiträge.

---

99 Auch *Christoph Degenhart*, Rechtsfragen einer Neuordnung der Rundfunkgebühr, ZUM 2009, S. 374 (381) („erheblichen verfassungsrechtlichen Risiken ausgesetzt"); im Ergebnis ebenso *Hans D. Jarass*, Verfassungsrechtliche Fragen einer Reform der Rundfunkgebühr, Rechtswissenschaftliches Gutachten, Mai 2007, S. 43; *André Fiebig*, Gerätebezogene Rundfunkgebührenpflicht und Medienkonvergenz, 2008, S. 246 f.; *Armin Dittmann*, Die Finanzierung des öffentlich-rechtlichen Rundfunks durch eine Medienabgabe, 2009, S. 38 ff.

100 Ebenso *Paul Kirchhof*, Die Finanzierung des öffentlich-rechtlichen Rundfunks, 2010, S. 37.

101 *Stefan Korioth/Maxi Koemm*, Gut gemeint, doch schlecht gemacht: Die neue Rundfunkabgabe ist verfassungswidrig!, DStR 2013, S. 833 (835).

1. Gemeinsamkeiten und Unterschiede

Während Steuern dazu dienen, die Lasten der Finanzierung der allgemeinen Staatsaufgaben gerecht auf die Bürger zu verteilen, hier also der Gedanke der gerechten Lastentragung im Mittelpunkt steht (Steuer als Gemeinlast), ist der leitende Gedanke der Vorzugslasten die individuelle Tauschgerechtigkeit, ihr Bemessungsprinzip die Äquivalenz[102]. Gebühren- und beitragspflichtig wird nicht, wer leistungsfähig ist, sondern wer eine tatbestandlich umschriebene, besondere staatliche Leistung erhalten hat.

Besteht diese Leistung in einem besonderen, auch eingreifenden Verwaltungshandeln, werden Verwaltungsgebühren erhoben, die nach den verursachten Kosten bemessen werden (Kostendeckungsprinzip)[103]. Besteht die Leistung in der Übertragung eines besonderen Nutzens, werden Benutzungsgebühren festgesetzt, die nach dem Wert dieses Nutzens bemessen sein können[104]. Das Verwaltungsprogramm wird hierdurch in dem Sinne vollendet, dass der Vorteil der Sache nach verschafft, vermögensmäßig aber neutralisiert wird.

Im Unterschied zu Gebühren entgelten Beiträge keine konkrete staatliche Leistung, sondern ein bevorzugendes Leistungsangebot. Die Beitragspflicht ist also unabhängig von der tatsächlichen Inanspruchnahme der angebotenen Leistung[105].

Gebühren und Beiträge schaffen Transparenz und Kostenverantwortung, sowohl auf Seiten des Staates als auch auf Seiten des Bürgers. Sie können deshalb zur effizienten Ressourcenallokation beitragen, Wettbewerbsdruck entstehen lassen oder auch Aufgabenprivatisierungen rechtfertigen[106]. Zu-

---

102 *Peter Bohley*, Gebühren und Beiträge, 1977, S. 103 ff.; *Arndt Schmehl*, Das Äquivalenzprinzip im Recht der Staatsfinanzierung, 2004.

103 BVerfGE 50, 217 (226); 91, 207 (223); *Jürgen Raecke*, Das Kostendeckungsprinzip, 1971.

104 Der Gebührenbegriff ist deshalb „doppelgliedrig"; *Klaus Vogel*, Vorteil und Verantwortlichkeit. Der doppelgliedrige Gebührenbegriff des Grundgesetzes, in: Faller u. a. (Hrsg.), FS für Geiger zum 80. Geburtstag, 1989, S. 518 ff.; zum Sonderfall der Verleihungsgebühr BVerfGE 93, 319 (344); auch BVerwGE 115, 32 (36).

105 BVerfGE 42, 223 (228); 82, 159 (178); 92, 91 (115); 110, 370 (388); 113, 128 (148); BVerwGE 72, 212 (218 f.).

106 *Dieter Birk/Rolf Eckhoff*, Staatsfinanzierung durch Gebühren und Steuern: Vor- und Nachteile aus juristischer Perspektive, in: Sacksofsky/Wieland (Hrsg.), Vom Steuerstaat zum Gebührenstaat, 2000, S. 54 (59 f.); *Ute Sacksofsky*, Staatsfinanzierung durch Gebühren?, in: dies./Wieland (Hrsg.), Vom Steuerstaat zum Gebührenstaat, 2000, S. 188 (190 ff.).

gleich greifen Vorzugslasten aber die Fundamente des Steuerstaats an, der auf einer solidarischen Finanzierung der Staatsaufgaben durch die Gesamtheit der Steuerzahler nach dem Maßstab ihrer jeweiligen wirtschaftlichen Leistungsfähigkeit beruht[107] und der dadurch eine rechtsstaatlich-demokratisch gestaltete Bestimmung und Erfüllung der Staatsaufgaben ermöglicht. Gebühren und Beiträge müssen deshalb auf das Bild des Steuerstaats, verfassungsrechtlich auf die Anforderungen des Rechtsstaats und der Demokratie abgestimmt bleiben, auch auf die grundrechtlichen Freiheits- und Gleichheitsgewährleistungen[108]. Ein Ausverkauf von Freiheiten, vor allem ein Ausverkauf von Rechten, scheidet aus. Die verfassungsrechtlichen Maßgaben, nicht ökonomische Mächtigkeiten entscheiden unter dem Grundgesetz über die Zuordnung der wesentlichen Freiheiten und Rechte.

Zudem beanspruchen Gebühren und Beiträge Sachkompetenzen (Art. 70 ff. GG). Dies ist im Grundsatz richtig[109], weil sie Verwaltungsprogramme vollenden. Doch stehen sie damit ihrerseits außerhalb der Finanzverfassung im engeren Sinne, also auch in Spannung zu den individualschützenden und gleichgewichtssichernden Gehalten der Art. 105 bis 108 GG.

2. Eignung von Beiträgen zur Rundfunkfinanzierung

a) Programmautonomie und Staatsferne

Die Spezifika des öffentlich-rechtlichen Rundfunks sprechen nachdrücklich für eine Finanzierung in der Abgabenform der Vorzugslasten. So deuten die Gebote der Programmautonomie und Staatsferne klar auf eine Finanzierungsstruktur, bei der sich die jeweilige Anstalt und der finanzierende Nutzer möglichst unmittelbar gegenüberstehen, Parlament und exekutive Aufsicht also im Hintergrund bleiben. Das Gebühren und Beiträge prägende individuelle Abgabenverhältnis entspricht diesen Erfordernissen. Wer das Rund-

---

107 Zum Basis-Solidarverbund aller Steuerpflichtigen *Hanno Kube*, Staatsaufgaben und Solidargemeinschaften, DStJG Bd. 29 (2006), S. 11 (17).

108 *Hanno Kube*, Finanzgewalt in der Kompetenzordnung, 2004, S. 361 ff.

109 Vgl. bereits PrOVGE 18, 23.

funkangebot erhält, hat dafür zu zahlen[110]. Der Staat spielt insoweit keine entscheidende Rolle, kann auf das Finanzierungsvolumen und damit die Programminhalte keinen strukturellen, maßgeblichen Einfluss nehmen; seine Hauptaufgabe ist auf die grundrechtssichernde Mäßigung der Abgabenlast beschränkt[111]. Das abgabenrechtliche Band zwischen Anstalt und Nutzer stärkt die Anstalt damit in ihrer Unabhängigkeit vom Staat. Zugleich entsteht, anders als bei einer in diesem Sinne anonymen Steuerfinanzierung, eine besondere Verantwortung der Anstalt dem finanzierenden Nutzer gegenüber[112].

b) Zweckbindung der Abgaben

Nicht anders als Steuern gehen auch Gebühren und Beiträge grundsätzlich in den allgemeinen Staatshaushalt ein. Ertragskompetent ist dabei die aufgabenzuständige Gebietskörperschaft[113].

Die zur Sicherung von Programmautonomie und Staatsferne unabdingbare Zweckbindung der Rundfunkabgaben[114] muss deshalb gesetzlich geregelt werden. Anders als bei den allgemeinen Steuern, bei denen mangels hinreichenden Sachzusammenhangs eine Ertragsbindung für den öffentlich-rechtlichen Rundfunk ausscheidet[115], ist ein derartiger Sachzusammenhang bei Vorzugslasten, die für die Unterbreitung des Rundfunkangebots erhoben werden, vorhanden.

Die Zweckbindung ist zugleich rundfunkverfassungsrechtlich geboten, weil sie von zentraler Bedeutung für die tatsächliche Sicherung von Programmautonomie und Staatsferne ist. Das rundfunkverfassungsrechtliche Bindungsgebot tritt hier normativ gleichrangig dem allgemeinen haushaltsverfassungsrechtlichen Grundsatz der Non-Affektation gegenüber und kann

---

110 Dieser Zusammenhang setzt nicht zwingend die tatbestandliche Anknüpfung an Geräte voraus; anders offenbar *Armin Dittmann*, Die Finanzierung des öffentlich-rechtlichen Rundfunks durch eine Medienabgabe, 2009, S. 29, der die „Medienabgabe“ deshalb von vornherein nicht als Beitrag einordnen möchte.

111 Siehe oben C.IV.2.

112 Ebenso *Helge Rossen-Stadtfeld*, „Das kommerzielle Angebot kann nicht vielfältig sein“, epd medien Nr. 9 vom 1.3.2013, S. 33 (35).

113 *Hanno Kube*, in: Epping/Hillgruber (Hrsg.), Beck'scher Onlinekommentar zum Grundgesetz, Stand: 1. Januar 2013, Art. 105 Rdnr. 15.

114 Zur Zulässigkeit der Zweckbindung von Entgelten BVerfGE 93, 319 (348).

115 Siehe oben D.I.4.a.

die Abweichung von diesem allgemeinen Grundsatz sachbereichsspezifisch legitimieren[116].

Im Licht der rundfunkverfassungsrechtlichen Anforderungen erscheint die Anstalt damit als in der Sache zuständige, auch ertragskompetente Stelle, der Staat dagegen vor allem als Mäßiger der Rundfunkabgaben. Die die Rundfunkfreiheit sichernde Organisation des öffentlich-rechtlichen Rundfunks in eigenständigen, in Distanz zur unmittelbaren Staatsverwaltung stehenden, zudem grundrechtsfähigen[117] Anstalten des öffentlichen Rechts setzt sich mithin unmittelbar in der Zweckbindung des Abgabenaufkommens zugunsten der Anstalten fort[118].

c) Die gebotene Abstraktion vom konkreten Nutzerverhalten

Schließlich sind die Vorgaben des Rundfunkverfassungsrechts auch für die Wahl zwischen Gebühr und Beitrag fruchtbar zu machen. Während die Gebühr nur bei konkreter, tatsächlicher Nutzung der staatlichen Leistung ausgelöst wird, kann der Beitrag tatbestandlich bereits an die Unterbreitung des Leistungsangebots anknüpfen und auf den Nachweis tatsächlicher Annahme verzichten.

Im Sachzusammenhang der Rundfunkfinanzierung ist hier wiederum von entscheidender Bedeutung, dass diese Finanzierung die Programmautonomie der Anstalten sichern soll, die ihrerseits die Grundlage für die Gewährleistung der Grundversorgung in informatorischer, kultureller und unterhaltender Hinsicht bildet. Dies schließt es aus, die Anstalten über die Finanzierungsform unmittelbar vom je aktuellen Massengeschmack oder von Gegenwartsmoden abhängig zu machen[119]. Die Zusammenstellung eines qualitativ hochwertigen, dem Grundversorgungsauftrag entsprechenden Programms darf nicht unter das Diktat von Einschaltquoten gestellt werden. Gegenleistung für das Entgelt kann deshalb nur die „Gesamtveranstal-

---

116 Siehe dazu bereits oben D.I.4.a.

117 BVerfGE 31, 314 (322); 59, 231 (254 f.).

118 In diesem Sinne auch *Paul Kirchhof*, Die Finanzierung des öffentlich-rechtlichen Rundfunks, 2010, S. 44, wonach „die haushaltsrechtlich[e] Verselbständigung von Rundfunkabgabe und Rundfunkhaushalt" in „der Gesetzgebungskompetenz des Rundfunkrechts" angelegt ist.

119 *Armin Dittmann*, Die Finanzierung des öffentlich-rechtlichen Rundfunks durch eine Medienabgabe, 2009, S. 16; *Paul Kirchhof*, Die Finanzierung des öffentlich-rechtlichen Rundfunks, 2010, S. 44.

tung"[120] Rundfunk sein, weshalb auch Abrechnungsmodelle wie pay-per-channel, pay-per-view oder video-on-demand für den öffentlich-rechtlichen Rundfunk kategorisch ausscheiden[121]. Die durch die Abgabenform des Beitrags erreichte Abstraktion vom konkreten Seh- und Hörverhalten der Bevölkerung und die Bezugnahme auf die alleinige Möglichkeit des Rundfunkempfangs entsprechen damit unmittelbar rundfunkverfassungsrechtlichen Erfordernissen.

d) Bestätigung durch die Rechtsprechung

Die herausragende Eignung der Finanzierungsform des Beitrags für die Finanzierung des öffentlich-rechtlichen Rundfunks wird durch die Rechtsprechung des Bundesverfassungsgerichts und des Bundesverwaltungsgerichts zum alten System der Erhebung von Rundfunk-„Gebühren" nachdrücklich bestätigt[122].

Schon in seiner Umsatzsteuer-Entscheidung aus dem Jahr 1971 setzt das Bundesverfassungsgericht die Qualifikation der damals neuen Rundfunkabgabe als Gebühr ausdrücklich in Anführungszeichen und führt aus, dass diese Abgabe „das von den Ländern eingeführte Mittel zur Finanzierung der Gesamtveranstaltung" Rundfunk sei[123]. Auch in Folgeentscheidungen knüpft das Bundesverfassungsgericht nur begrifflich an die staatsvertragliche Bezeichnung der Abgabe als Gebühr an, ordnet sie aber in der Sache als zulässigen Beitrag ein. Im Hessen 3-Urteil von 1992 heißt es, die gewählte

---

120 BVerfGE 31, 314 (329 f.); *Christoph Degenhart*, Rechtsfragen einer Neuordnung der Rundfunkgebühr, ZUM 2009, S. 374 (382).

121 BVerfG, NJW 2012, S. 3423 (Zugangsbeschränkung würde „mit dem Grundversorgungsauftrag des öffentlich-rechtlichen Rundfunks kollidieren") unter Verweis auf VG Regensburg, Urt. v. 24.3.2009 – Az. RO 3 K 08.01829; entsprechend bereits BVerfGE 74, 297 (326); 87, 181 (199); auch BayVerfGH, Urt. v. 15.12.2005 – Az. 8 VII 04, Rdnr. 87; ebenso *Arne Hasse*, Die Finanzierung des öffentlich-rechtlichen Rundfunks, 2005, S. 230 ff.; *Axel Schneider*, Warum der Rundfunkbeitrag keine Haushaltsabgabe ist – und andere Fragen zum Rundfunkbeitragsstaatsvertrag, NVwZ 2013, S. 19 (20 f.).; anders demgegenüber *André Fiebig*, Gerätebezogene Rundfunkgebührenpflicht und Medienkonvergenz, 2008, S. 410 ff.

122 Mit einem Überblick über die rechtsprechungsseitige Einordnung auch *Annette W. Reuters*, Die Rundfunkgebühr auf dem Prüfstand der Finanzverfassung, 2009, S. 136 ff.; *Eva Ellen Wagner*, Abkehr von der geräteabhängigen Rundfunkgebühr, 2011, S. 19 ff.

123 BVerfGE 31, 314 (329 f.).

Finanzierung sei „die dem öffentlich-rechtlichen Rundfunk gemäße Art der Finanzierung… In der ungeschmälerten Erfüllung der essentiellen Funktion des Rundfunks und in der Sicherstellung der Grundversorgung unter den Bedingungen des dualen Systems findet sie ihre Rechtfertigung“[124]. Im 1. Rundfunkgebührenurteil (8. Rundfunkurteil) von 1994 ergänzt das Gericht in diesem Sinne, die ausgestaltete Finanzierungsform erlaube dem Rundfunk, „unabhängig von Einschaltquoten und Werbeaufträgen ein Programm anzubieten, das den verfassungsrechtlichen Anforderungen gegenständlicher und meinungsmäßiger Vielfalt entspricht“[125]. Die Abgabe dürfe „ohne Rücksicht auf die Nutzungsgewohnheiten der Empfänger allein an den Teilnehmerstatus“ geknüpft werden[126]. In einer Nichtannahmeentscheidung aus dem Jahr 1999 bestätigt das Bundesverfassungsgericht diese Einordnung als selbstverständlich. Die Zahlungspflicht werde, so das Gericht, durch „das Bereithalten eines Rundfunkempfangsgeräts“ ausgelöst und setze nicht das Einschalten dieses Geräts voraus[127]. Entgolten wird also, beitragstypisch, das staatliche Leistungsangebot. Entsprechend heißt es schließlich in der Nichtannahmeentscheidung bezüglich der Erhebung von Rundfunkabgaben für internetfähige PCs von Mitte 2012, dass es sich bei der Rundfunkabgabe „nicht um eine voraussetzungslose Steuer zur Finanzierung des Gemeinwesens“ handele, „sondern um eine Vorzugslast. Denn sie ist für eine Begünstigung durch eine Leistung der Rundfunkanstalten zu zahlen, indem sie an den durch das Bereithalten eines Rundfunkempfangsgerätes begründeten Status als Rundfunkteilnehmer geknüpft wird“[128].

Das Bundesverwaltungsgericht hat in einer Entscheidung aus dem Jahr 1999 dahinstehen lassen, ob es sich bei der Rundfunkabgabe nach der damaligen Ausgestaltung um eine Gebühr, eine „Gebühr mit Beitragscharakter“ oder einen Beitrag handelt, weil es darauf im zu beurteilenden Rechtsstreit nicht ankam. Zugleich hat das Gericht in dieser Entscheidung aber seinerseits betont, dass die Art der Finanzierung den Anforderungen des Art. 5 Abs. 1 GG an eine funktionsgerechte Finanzierung des öffentlich-rechtlichen Rundfunks und ebenso den rechtsstaatlichen Anforderungen des Gebots der Gleichheit aller Bürger bei der Heranziehung zu öffentlichen

124 BVerfGE 87, 181 (199).
125 BVerfGE 90, 60 (90).
126 BVerfGE 90, 60 (91).
127 BVerfG, NJW 2000, S. 649.
128 BVerfG, NJW 2012, S. 3423.

Lasten genüge[129]. Im Urteil zur Abgabenpflicht für internetfähige PCs von 2010 bestätigt das Bundesverwaltungsgericht sodann in der Sache klar die Einordnung durch das Bundesverfassungsgericht, wenn es ausführt, dass die Abgabenpflicht „ohne Rücksicht auf die Nutzungsgewohnheiten der Empfänger allein an den durch das Bereithalten eines Empfangsgeräts begründeten Teilnehmerstatus anknüpfen“ dürfe[130].

IV. Sonstige Abgaben

Die herausragende Eignung des im Aufkommen zweckgebundenen Beitrags zur Rundfunkfinanzierung entbindet von der Notwendigkeit, die blasse, in der rechtspraktischen Ausfüllung sehr heterogene und rechtsstaatlich unverlässliche Abgabenkategorie der sonstigen Abgaben zu bemühen[131].

Auch mit einem Ausweichen auf die Einordnung der Rundfunkabgabe als Abgabe „sui generis“[132] sind die Herausforderungen der näheren Maßstabbildung eher aufgeschoben als bewältigt[133].

Soweit die Rundfunkabgabe schließlich als „sachbereichsimplizite“, sich aus der Natur des Rundfunks erklärende Abgabe qualifiziert wird, die sich deshalb unmittelbar auf Art. 70 Abs. 1 i. V. m. Art. 5 Abs. 1 Satz 2 GG soll stützen können[134], werden die rundfunkverfassungsrechtlichen Spezifika zur Rechtfertigung einer weiteren, im Ausgangspunkt ebenfalls undeutli-

---

129 BVerwG, NJW 1999, S. 2454 (2455).

130 BVerwG, NJW 2011, S. 946 (950).

131 Zu dieser Kategorie *Hanno Kube*, in: Epping/Hillgruber (Hrsg.), Beck'scher Onlinekommentar zum Grundgesetz, Stand: 1. Januar 2013, Art. 105 Rdnr. 24.

132 So für die alte Rundfunk-„Gebühr“ *Christian Waldhoff*, Die Steuerfinanzierung als rundfunk- und finanzverfassungsrechtlich adäquate Finanzierungsform des öffentlich-rechtlichen Rundfunks, Rechtsgutachten erstattet im Auftrag der Thüringer Staatskanzlei, August 2010, S. 68 f.; *Philipp Karl Julius Mohr*, Legitimationsdefizite bei der Bestimmung der Höhe der Rundfunkgebühr, 2012, S. 41.

133 Ebenso *André Fiebig*, Gerätebezogene Rundfunkgebührenpflicht und Medienkonvergenz, 2008, S. 251 ff.

134 *Hubertus Gersdorf/Frauke Brosius-Gersdorf*, Rechtsfragen des Teilnehmerentgeltsystems nach bayerischem Rundfunkrecht, 1997, S. 64 ff.; *Arne Hasse*, Die Finanzierung des öffentlich-rechtlichen Rundfunks, 2005, S. 171 ff.; *Armin Dittmann*, Die Finanzierung des öffentlich-rechtlichen Rundfunks durch eine Medienabgabe, 2009, S. 41 ff. und S. 53 ff.; grundsätzlich offen auch *Hans D. Jarass*, Verfassungsrechtliche Fragen einer Reform der Rundfunkgebühr, Rechtswissenschaftliches Gutachten, Mai 2007, S. 34 f.

chen und auch in der Verallgemeinerung schwer eingrenzbaren Abgabenart herangezogen[135], obwohl die traditionsreiche Abgabenkategorie des Beitrags diesen Spezifika voll und ganz gerecht wird.

Im Ganzen bietet sich damit die Finanzierungsform des Beitrags rundfunk- wie auch finanzverfassungsrechtlich vorrangig und eindeutig zur Finanzierung des öffentlich-rechtlichen Rundfunks an; dies sowohl in der abgabentatbestandlichen Struktur wie auch mit Rücksicht auf die verfassungsrechtlichen Rechtmäßigkeitsanforderungen.

V. Der neue Rundfunkbeitrag als Beitrag im finanzverfassungsrechtlichen Sinne

Der Rundfunkbeitrag, wie er durch den Rundfunkbeitragsstaatsvertrag ausgestaltet wurde, ist ein Beitrag in diesem Sinne[136]. Er wird im Vertrag wie auch in der Amtlichen Begründung durchgängig als „Beitrag“ bezeichnet. Der charakteristische Gegenleistungsbezug auf Tatbestandsseite wird in der

---

135 Kritisch auch *André Fiebig*, Gerätebezogene Rundfunkgebührenpflicht und Medienkonvergenz, 2008, S. 247 ff.

136 Ebenso aus der nach Abschluss des Vertrags veröffentlichten Literatur *Andreas Gall/Axel Schneider*, in: Hahn/Vesting (Hrsg.), Beck'scher Kommentar zum Rundfunkrecht, 3. Aufl. 2012, Vor RBStV Rdnr. 37; *Wieland Bosman*, Paradigmenwechsel in der Rundfunkfinanzierung: Von der Rundfunkgebühr zum Rundfunkbeitrag, K&R 2012, S. 5 (9); *Axel Schneider*, Warum der Rundfunkbeitrag keine Haushaltsabgabe ist – und andere Fragen zum Rundfunkbeitragsstaatsvertrag, NVwZ 2013, S. 19 (21); *ders.*, Antworten auf „Verfassungsfragen des Betriebsstättenbeitrags nach dem Rundfunkbeitragsstaatsvertrag der Länder“, ZUM 2013, S. 472 (476 ff.); *Roland Bornemann*, Ein Zwischenruf zur Rechtsnatur des Rundfunkbeitrags, K&R 2013, S. 557 f.; *Gyde Maria Bullinger*, Der neue Rundfunkbeitrag – Formell verfassungsgemäß oder unzulässige Steuer?, Wissenschaftliche Dienste des Deutschen Bundestages, Az. WD 10 - 3000 - 009/13, 2013, S. 15; a. A. (Steuer) *Helmut Siekmann*, in: Sachs (Hrsg.), Grundgesetz, Kommentar, 6. Aufl. 2011, vor Art. 104a Rdnr. 115; *Ermano Geuer*, Zur Verfassungswidrigkeit der „Haushaltsabgabe“ für den öffentlich-rechtlichen Rundfunk, VR 2012, S. 378 (379); *ders.*, Die Haushaltsabgabe für den öffentlich-rechtlichen Rundfunk in Deutschland – Modell für Österreich?, Medien und Recht 2012, S. 219 (221); *Christoph Degenhart*, Verfassungsfragen des Betriebsstättenbeitrags nach dem Rundfunkbeitragsstaatsvertrag der Länder, Rechtsgutachten, K&R Beihefter 1/2013 zu Heft 3, S. 1 (11 f.); *Stefan Korioth/Maxi Koemm*, Gut gemeint, doch schlecht gemacht: Die neue Rundfunkabgabe ist verfassungswidrig!, DStR 2013, S. 833 (835); *Anna Terschüren*, Die Reform der Rundfunkfinanzierung in Deutschland, 2013, S. 142 ff.

Amtlichen Begründung verdeutlicht, wenn es dort heißt: „Zur Finanzierung des öffentlich-rechtlichen Rundfunks hat beizutragen, wer die allgemein zugänglichen Angebote des Rundfunks empfangen kann, aber nicht notwendig empfangen (haben) muss."[137] Damit steht der Rundfunkbeitrag in der Tradition der alten Rundfunkgebühr, die ebenfalls für die Ermöglichung des Rundfunkempfangs, also die Unterbreitung des Programmangebots, zu entrichten war. Ebenso wie zuvor erlangt der Bürger infolge des ihm unterbreiteten Angebots einen Teilnehmerstatus[138]. Anders als bei der voraussetzungslos erhobenen Steuer (siehe § 3 AO) ist also ein bestimmtes staatliches Leistungsangebot an den Bürger Tatbestandsmerkmal[139]. Diese Tatbestandlichkeit einer Staatsleistung übergeht, wer den Rundfunkbeitrag als Zwecksteuer einordnet[140]. Denn eine Zwecksteuer ist durch eine Mittelbindung auf der Verwendungsseite, zugleich aber durch eine – für die Qualifizierung als Steuer zwingend – staatsleistungsunabhängige Erhebung auf der Tatbestandsseite gekennzeichnet.

Dass das staatliche Leistungsangebot nicht nur an ganz bestimmte Personen, sondern an die Allgemeinheit derjenigen adressiert ist, die zum Rundfunkempfang befähigt sind, steht der Einordnung als Beitrag dabei nicht entgegen. Die Qualifizierung als Entgelt scheitert grundsätzlich nicht an der Größe des Adressatenkreises des staatlichen Leistungsangebots. Entscheidend ist allein, dass die Abgabe als Gegenleistung für eine staatliche Leistung, nicht dagegen voraussetzungslos erhoben wird. Maßgeblich ist mithin nur die Art des Belastungsgrundes dem Einzelnen gegenüber, nicht die Anzahl paralleler Belastungen[141]. Auch für die Ausstellung des Perso-

---

137 Begründung zum Fünfzehnten Staatsvertrag zur Änderung rundfunkrechtlicher Staatsverträge (Fünfzehnter Rundfunkänderungsstaatsvertrag), S. 5 f.

138 *Axel Schneider*, Antworten auf „Verfassungsfragen des Betriebsstättenbeitrags nach dem Rundfunkbeitragsstaatsvertrag der Länder", ZUM 2013, S. 472 (474); am Begriff des Teilnehmerstatus macht *Christoph Degenhart*, Verfassungsfragen des Betriebsstättenbeitrags nach dem Rundfunkbeitragsstaatsvertrag der Länder, Rechtsgutachten, K&R Beihefter 1/2013 zu Heft 3, S. 1 (12) demgegenüber eine Unterscheidung zwischen dem alten und dem neuen Modell fest.

139 *Axel Schneider*, Antworten auf „Verfassungsfragen des Betriebsstättenbeitrags nach dem Rundfunkbeitragsstaatsvertrag der Länder", ZUM 2013, S. 472 (477).

140 *Anna Terschüren*, Die Reform der Rundfunkfinanzierung in Deutschland, 2013, S. 142 f.

141 Ebenso *Axel Schneider*, Antworten auf „Verfassungsfragen des Betriebsstättenbeitrags nach dem Rundfunkbeitragsstaatsvertrag der Länder", ZUM 2013, S. 472 (477); a. A. *Stefan Korioth/Maxi Koemm*, Gut gemeint, doch schlecht gemacht: Die neue Rundfunkabgabe ist verfassungswidrig!, DStR 2013, S. 833 (836).

nalausweises, den jeder Deutsche ab 16 Jahren haben muss, werden Verwaltungsgebühren erhoben. Im Fall des Rundfunkbeitrags kommt noch hinzu, dass sich die Weite des Adressatenkreises des Leistungsangebots hier aus dem Verfassungsrecht ergibt, namentlich aus der Informationsfreiheit (Art. 5 Abs. 1 Satz 1 Alt. 2 GG) und aus dem Grundversorgungsauftrag der Rundfunkanstalten (Art. 5 Abs. 1 Satz 2 Alt. 2 GG).

Ebenso unerheblich ist die Tatsache, dass die Inanspruchnahme der Leistung grundsätzlich nicht zur Wahl gestellt wird[142]. Die Freiwilligkeit des Leistungsempfangs ist keineswegs Voraussetzung der Entgelterhebung, wie die Tradition der Verwaltungsgebühren zeigt, konkret wiederum das Beispiel der Ausstellung des Personalausweises.

Wenngleich die Art und Weise der Abgabenbemessung ein Element der Rechtmäßigkeit, nicht dagegen der Qualifizierung einer bestimmten Abgabe ist, bestätigt dennoch auch die Tatsache, dass der Rundfunkbeitrag nach dem Gegenleistungsgedanken (Äquivalenzprinzip) und eindeutig nicht nach der wirtschaftlichen Leistungsfähigkeit der Abgabepflichtigen erhoben wird, die Einordnung dieses Beitrags als Beitrag im finanzverfassungsrechtlichen Sinne. Die Frage nach der auch im Detail zutreffenden Typisierung ist damit noch nicht beantwortet, wohl aber die Frage nach der grundsätzlichen Einordnung der Abgabenart.

Die Qualifizierung als Beitrag erlaubt es den Ländern, den Rundfunkbeitrag auf Grundlage von Art. 70 Abs. 1 GG auszugestalten[143].

---

142 Ebenso *Hermann Eicher*, Von der Rundfunkgebühr zum Rundfunkbeitrag, Media Perspektiven 2012, S. 614 (617); siehe auch *Wieland Bosman*, Paradigmenwechsel in der Rundfunkfinanzierung: Von der Rundfunkgebühr zum Rundfunkbeitrag, K&R 2012, S. 5 (9); a. A. *Stefan Korioth/Maxi Koemm*, Gut gemeint, doch schlecht gemacht: Die neue Rundfunkabgabe ist verfassungswidrig!, DStR 2013, S. 833 (836).

143 Zur Entgelterhebung im Annex zu den Sachgesetzgebungskompetenzen für den konkreten Fall der Rundfunkfinanzierung bereits BVerwGE 29, 214; im vorliegenden Zusammenhang *Axel Schneider*, Antworten auf „Verfassungsfragen des Betriebsstättenbeitrags nach dem Rundfunkbeitragsstaatsvertrag der Länder", ZUM 2013, S. 472 (478); *Gyde Maria Bullinger*, Der neue Rundfunkbeitrag – Formell verfassungsgemäß oder unzulässige Steuer?, Wissenschaftliche Dienste des Deutschen Bundestages, Az. WD 10 - 3000 - 009/13, 2013, S. 16.

E. Verfassungsgemäße Ausgestaltung

I. Gründe und Grenzen tatbestandlicher Typisierung

Der Beitrag rechtfertigt sich in seiner zur Steuer hinzutretenden Belastungswirkung, weil und soweit er ein besonderes staatliches Leistungsangebot entgilt, das dem Bürger in der Sache, nicht aber in der Vermögenswirkung überbracht werden soll. Der Tatbestand der Beitragspflicht muss sich deshalb genau auf das Leistungsangebot beziehen, soll die Abgabe als Beitrag eingeordnet und legitimiert werden können. Es gilt hier der so genannte Wirklichkeits-, hilfsweise der Wahrscheinlichkeitsmaßstab[144].

Zugleich verlangt das Beitragsrecht jedoch nach angemessener Typisierung[145]. Dies hat mehrere Gründe. Typisierung schafft Verständlichkeit und fördert damit die Einsichtigkeit der Abgabe. Typisierung gewährleistet weiterhin die Praktikabilität des Vollzugs, der bei übermäßiger Orientierung an den Details des Einzelfalls scheitern muss und in diesem Scheitern seinerseits zu erheblicher Ungleichheit, einer Ungleichheit im Belastungserfolg, führt. Ein angemessen typisierendes Recht verhindert Gestaltungen und Umgehungen, die sich an Einzelheiten festmachen; es ist in diesem Sinne unausweichlich, was ebenfalls der Gleichheit dient. Und schließlich kann der Staat, der den Gesetzesvollzug auf typisierende Normen stützt, auch auf Distanz bleiben und die Privatsphäre des Bürgers schonen. Gerade dieser letzte Aspekt hat für die Rundfunkabgabe herausragende Bedeutung. Denn Rundfunkempfang vollzieht sich in hohem Maße im privaten Raum, im geschützten Bereich, zumal der eigenen Wohnung. So streiten im vorliegenden Zusammenhang das allgemeine Persönlichkeitsrecht als Gewährleistung der Privatsphäre (Art. 1 Abs. 1 i. V. m. Art. 2 Abs. 1 GG)[146] und auch andere die Privatheit schützende Grundrechte, insbesondere das Grundrecht auf Un-

---

144 Zu diesen Maßstäben *Marcel Kaufmann*, Kommunale Gebühren, in: Henneke/Pünder/Waldhoff (Hrsg.), Recht der Kommunalfinanzen, 2006, § 15 Rdnr. 65 f.

145 Entsprechend zum Steuerrecht BVerfGE 99, 280 (290); 105, 73 (127); 117, 1 (31); 122, 210 (232 f.); 123, 111 (121).

146 Zu diesem Gewährleistungsgehalt *Hanno Kube*, Persönlichkeitsrecht, in: Isensee/Kirchhof (Hrsg.), Handbuch des Staatsrechts der Bundesrepublik Deutschland, Bd. 7, 3. Aufl. 2009, § 148 Rdnr. 38 ff.

verletzlichkeit der Wohnung (Art. 13 Abs. 1 GG)[147], nachdrücklich für eine tatbestandliche Typisierung des Rundfunkbeitrags, die dazu führt, dass im Vollzug weitgehend auf die staatliche Einsichtnahme in die Privatsphäre verzichtet[148] und dem datenschutzrechtlichen Grundsatz der möglichst sparsamen Datenerhebung und -verwendung entsprochen werden kann.

Ihre Grenze findet die Typisierung im Gebot einer hinreichend realitätsgerechten, damit dem Wirklichkeits- oder Wahrscheinlichkeitsmaßstab Rechnung tragenden Abgabenbelastung[149]. Einen Beitrag zu erheben, obwohl mit angemessenem Verwaltungsaufwand verifiziert werden kann, dass der Rundfunkempfang tatsächlich ausgeschlossen ist, verbietet sich daher.

Die Praxis der Erhebung des Rundfunkbeitrags ist von einer – auch im Vergleich zu den Steuern und umso mehr zu den anderen Abgaben – sehr hohen Fallzahl[150] bei vergleichsweise geringer Belastungsintensität im einzelnen Fall geprägt. Zugleich ist der Vollzug sehr stark privatsphärensensibel. Dies spricht in der Grundtendenz für eine im vorliegenden Zusammenhang weite gesetzgeberische Typisierungsbefugnis.

II. Verfassungsgemäße und gegenwartsgerechte Tatbestandsbildung

Vor diesem Hintergrund ist nach Eckpunkten eines verfassungsgemäßen und gegenwartsgerechten Tatbestands der Pflicht zur Zahlung eines Rundfunkbeitrags zu fragen. Diese Eckpunkte sind mit dem staatsvertraglich vereinbarten Rundfunkbeitrag abzugleichen.

1. Loslösung vom Gerätebezug und Hinwendung zum Menschen als Informationsempfänger

Solange das Radio und das Fernsehgerät den Informationsmittelpunkt eines Haushalts bildeten, konnte es im Grundsatz sachgerecht erscheinen, an die

147 *Hans-Detlef Horn*, Schutz der Privatsphäre, in: Isensee/Kirchhof (Hrsg.), Handbuch des Staatsrechts der Bundesrepublik Deutschland, Bd. 7, 3. Aufl. 2009, § 149 Rdnr. 85 ff.

148 *Paul Kirchhof*, Die Finanzierung des öffentlich-rechtlichen Rundfunks, 2010, S. 55.

149 BVerfGE 99, 280 (290); 105, 73 (127); 117, 1 (31); 122, 210 (232 f.); 123, 111 (121).

150 Die GEZ weist in ihrem Geschäftsbericht 2011, S. 7 eine Zahl von 41,8 Mio. Teilnehmerkonten nach.

Innehabung dieser Geräte anzuknüpfen, um die Möglichkeit des Rundfunkempfangs tatbestandlich zu erfassen.

Durch die Medienkonvergenz und die Multifunktionalität der Empfangsgeräte wird die Realitätsgerechtigkeit dieser Anknüpfung jedoch zunehmend zweifelhaft. Das öffentlich-rechtliche Radio- und Fernsehprogramm kann heute auch über stationäre und mobile Computer mit Internetzugang (Laptops, Tablet-PCs) und über eine breite Palette anderer Multifunktionsgeräte, an erster Stelle Smartphones, empfangen werden. Werden Rundfunkabgaben allein von den Inhabern klassischer Radio- und Fernsehgeräte erhoben, ergibt sich mithin ein erhebliches „free rider"-Problem, im Ergebnis eine Überbelastung der abgabenpflichtigen Nutzergruppe. Dieses Problem dürfte sich über die nächsten Jahre weiter verschärfen.

Das Online-Angebot zu verschlüsseln und eigenständig kostenpflichtig zu stellen, ist dabei kein gangbarer Weg; zum einen aus technischen Gründen (Manipulationsanfälligkeit von Decodern, Weitergabe von Zugangsdaten etc.)[151], zum anderen und insbesondere mit Blick auf den verfassungsrechtlichen Grundversorgungsauftrag des öffentlich-rechtlichen Rundfunks, der eine Übertragungstechnik verlangt, die alle Rundfunkteilnehmer erreicht[152]. Nur durch eine solche Übertragungstechnik kann verhindert werden, dass sich die Anstalten vom Quotendruck leiten lassen und die Gefahr entsteht, dass das Programm nicht mehr die Grundversorgung sichert[153].

Hinzu kommen die Vollzugsschwierigkeiten, zu denen die Geräteabhängigkeit der Beitragspflicht zunehmend geführt hat. Auch diese haben Belastungsungerechtigkeiten begründet, die den Rechtstreuen benachteiligen. Die GEZ geriet zugleich in Versuchung, übermäßig in die Privatsphäre überzugreifen, um einen gesetzesgemäßen Vollzug trotz des verbreitet zu beobachtenden rechtswidrigen Verhaltens[154] sicherzustellen.

Sowohl der Wirklichkeitsmaßstab als auch die Typisierungsanliegen der Einsichtigkeit, der Praktikabilität und der Unausweichlichkeit der Belastung drängen daher auf die Loslösung vom Gerätebezug der Abgabenpflicht und

---

151 BVerfG, NJW 2012, S. 3423 („Zweifel an einer umgehungssicheren Ausgestaltung").

152 Zuletzt BVerfG, NJW 2012, S. 3423; siehe dazu bereits oben D.III.2.c.

153 Siehe auch oben D.III.2.c. zu den rundfunkverfassungsrechtlichen Gründen für die Abstraktion des Gegenleistungsverhältnisses in der Finanzierungsart des Beitrags.

154 Dazu bereits oben B.I.; siehe insbesondere die Analyse der Teilnehmerzahlen in den Großstädten in *Kommission zur Ermittlung des Finanzbedarfs der Rundfunkanstalten*, 17. KEF-Bericht, Dezember 2009, Tz. 460.

auf die Hinwendung zu einem gegenwartsangemessenen und zukunftsfähigen, auch der Bestands- und Entwicklungsgarantie des öffentlich-rechtlichen Rundfunks gerecht werdenden Abgabentatbestand.

An dieser Stelle ist auf die grundrechtliche Ausgangswertung der Informationsfreiheit gemäß Art. 5 Abs. 1 Satz 1 Alt. 2 GG zurückzukommen, nach der jeder Mensch das Recht hat, sich aus allgemein zugänglichen Quellen ungehindert zu unterrichten. Der öffentlich-rechtliche Rundfunk ist eine derartige Quelle[155], zumal die Informationsfreiheit nicht die Kostenlosigkeit der Unterrichtung garantiert[156]. Das Grundrecht auf Informationsfreiheit stellt den Menschen in den Mittelpunkt. Entscheidend ist seine Information, nicht der Informationsweg und nicht die Art und Anzahl der zur Verfügung stehenden Informationsgeräte. So erscheint es sachgerecht, beim Menschen als Rezipienten des öffentlich-rechtlichen Rundfunkangebots auch für den Zweck der Beitragserhebung anzuknüpfen[157]. Ungeachtet der Art und Anzahl der Empfangsgeräte ist es der Mensch, dem das Rundfunkangebot gemacht wird und der dieses Angebot auf die eine oder andere Weise empfangen kann, pro Zeiteinheit immer nur einmal.

Dies spricht nachdrücklich dafür, im Grundsatz jeden Menschen, der nach seinen sinnlichen und kognitiven Fähigkeiten in der Lage ist, öffentlich-rechtlichen Rundfunk zu empfangen, und dem darüber hinaus die technischen Möglichkeiten dazu auf die eine oder andere Weise offenstehen, beitragspflichtig zu stellen.

Weil heute praktisch jeder Volljährige über Möglichkeiten zum Rundfunkempfang verfügt, sei es über Radio- und Fernsehgeräte, sei es über Computer und Smartphones, sollte nach diesen Maßgaben, also insoweit, grundsätzlich jeder Volljährige in Anknüpfung an das ihm unterbreitete Rundfunkangebot beitragspflichtig gestellt werden.

---

155 *Herbert Bethge*, in: Sachs (Hrsg.), Grundgesetz, Kommentar, 6. Aufl. 2011, Art. 5 Rdnr. 54 f.

156 BVerwG, NJW 2011, S. 946 (950); auch BayVerfGH, Urt. v. 15.12.2005 – Az. 8 VII 04, Rdnr. 84; *Siegfried Jutzi*, Informationsfreiheit und Rundfunkgebührenpflicht, NVwZ 2008, S. 603 (604).

157 Ebenso *Paul Kirchhof*, Die Finanzierung des öffentlich-rechtlichen Rundfunks, 2010, S. 13 f.

2. Die Adressateneinheit des Haushalts, typisiert im Tatbestand der Wohnung

Schon die alte Rundfunk-„Gebühr“ bezog die Unterbreitung des Rundfunkangebots allerdings nicht auf die Adressateneinheit des einzelnen Menschen, sondern auf die Adressateneinheit des Haushalts, die im Tatbestand der Wohnung typisiert wurde. So wurde auf das Vorhandensein von Empfangsgeräten pro Wohnung abgestellt; Zweitgeräte in derselben Wohnung blieben abgabenfrei (siehe § 5 Abs. 1 Satz 1 Nr. 1 RGebStV)[158]. Die Adressateneinheit des Haushalts und ihre Typisierung im Tatbestand der Wohnung eignen sich für die abgabenrechtliche Anknüpfung auch in Zukunft, dies aus mehreren Gründen.

Die Adressateneinheit des Haushalts erfasst den Beitragspflichtigen realitätsgerecht im Rahmen einer Empfangsgemeinschaft, in der das Rundfunkprogramm oftmals gemeinsam verfolgt wird und innerhalb derer sich auch unterschiedliche Nutzungsgewohnheiten vielfach ausgleichen werden[159]. Die Abgabenart des Beitrags ist für diese Form der Abstraktion offen[160]. Zugleich entspricht sie, wegen des gegenseitigen Ausgleichs der Nutzungsgewohnheiten, dem Prinzip der Individualäquivalenz sogar besser als eine auf jeden einzelnen Menschen innerhalb eines Haushalts abstellende konkretere Anknüpfung. Die Grundvorstellung ist damit diejenige eines pro Haushalt gleichen Rundfunkangebots.

Darüber hinaus ist zu berücksichtigen, dass das Steuer- und Abgabenrecht in seinen Bemessungsprinzipien offen für Wertungen, insbesondere Freiheits- und Gleichheitswertungen, aus dem Gesamtbestand des Verfassungsrechts ist. So speist sich das Prinzip der Besteuerung nach der wirtschaftlichen Leistungsfähigkeit als Ordnungsprinzip nicht allein aus Art. 3 Abs. 1 und Art. 14 Abs. 1 GG, sondern ebenso aus Art. 12 Abs. 1, aus Art. 9 Abs. 1 und insbesondere auch aus Art. 1 Abs. 1 i. V. m. Art. 20 Abs. 1 (So-

158 Dazu *Armin Dittmann*, Die Finanzierung des öffentlich-rechtlichen Rundfunks durch eine Medienabgabe, 2009, S. 66.

159 *Paul Kirchhof*, Die Finanzierung des öffentlich-rechtlichen Rundfunks, 2010, S. 59 f.

160 A. A. *Christoph Degenhart*, Verfassungsfragen des Betriebsstättenbeitrags nach dem Rundfunkbeitragsstaatsvertrag der Länder, Rechtsgutachten, K&R Beihefter 1/2013 zu Heft 3, S. 1 (10 f.); *Thomas Exner/Dennis Seifarth*, Der neue „Rundfunkbeitrag“ – Eine verfassungswidrige Reform, NVwZ 2013, S. 1569 (1571).

zialstaatsprinzip) und Art. 6 Abs. 1 und 2 GG[161]. Dementsprechend ist auch die Entgelterhebung nach dem Äquivalenzprinzip verfassungsrechtlich offen für Ausgestaltungen, die den grundrechtlich geschützten Freiheiten dienen; dies umso mehr, als das Äquivalenzprinzip im verfassungsrechtlichen Rahmen vor allem als Verbot der Überbelastung (Verhältnismäßigkeitsgrundsatz), nicht dagegen als Gebot eines strikt kosten- und leistungsäquivalenten Austauschs verstanden wird[162]. Die Erhebung von Rundfunkbeiträgen wird deshalb gerade auch durch Art. 6 Abs. 1 GG (Schutz von Ehe und Familie) und Art. 6 Abs. 2 GG (Schutz des elterlichen Bestimmungsrechts) angeleitet; dies mit der Folge, dass die Einheiten der Ehe und der Familie hier in ihrer inneren Freiheit vorauszusetzen, in ihrer Integrität zu bewahren und finanziell nicht durch eine Mehrfachheranziehung zu belasten sind[163]. Art. 6 GG stützt damit die auf die Familie – typisiert im Tatbestand der Haushaltsgemeinschaft – bezogene Erhebung des Rundfunkbeitrags ab.

Die Gewährleistung von Individualäquivalenz und die grundrechtlichen Wertungen aus Art. 6 Abs. 1 und 2 GG sprechen danach deutlich für die Abgabenpflichtigkeit des Haushaltsinhabers für das allen Haushaltsangehörigen unterbreitete Rundfunkangebot und gegen eine Pflichtigkeit jedes

---

161 Zu dieser freiheitsgrundrechtlich offenen Interpretation des Leistungsfähigkeitsprinzips *Paul Kirchhof*, Gemeinnützigkeit – Erfüllung staatsähnlicher Aufgaben durch selbstlose Einkommensverwendung, DStJG Bd. 26 (2003), S. 1 (3 ff.); *ders.*, in: ders./Söhn/Mellinghoff (Hrsg.), Einkommensteuergesetz, Kommentar, Stand: März 2013, § 10b Rdnr. A 42 ff.; *Stephan Geserich*, Privater, gemeinwohlwirksamer Aufwand im System der deutschen Einkommensteuer und des europäischen Rechts, 1999, S. 26 ff. und S. 53 f.; grundsätzlich auch *Klaus Tipke*, Die Steuerrechtsordnung, Bd. 2, 2. Aufl. 2003, S. 795.

162 Dies lässt Raum für die Verfolgung weitergehender Zwecke neben dem reinen Kostenausgleich oder der reinen Vorteilsabschöpfung; aus der Rechtsprechung BVerfGE 50, 217 (227); 97, 332 (345); 108, 1 (18); BVerwGE 79, 90 (91); 112, 297 (300 f.); 115, 32 (46); 115, 125 (128 f.). Im Bereich der Rundfunkabgabe nimmt der 6. Senat des BVerwG den Maßstab sogar noch weiter zurück und legt lediglich abstrakt Art. 3 Abs. 1 GG an; siehe BVerwG, Beschluss vom 4.4.2002, Az. 6 B 1/02 (juris), Rdnr. 8 mit Verweis auf die Rechtsprechungslage.

163 Siehe zu den Konsequenzen der von der FDP favorisierten Pro-Kopf-Abgabe *Hermann Eicher*, Von der Rundfunkgebühr zum Rundfunkbeitrag, Media Perspektiven 2012, S. 614 (615 f.); gegen die Mehrbelastung von Mehrpersonenhaushalten durch eine personenbezogene Abgabe auch *Christoph Degenhart*, Rechtsfragen einer Neuordnung der Rundfunkgebühr, ZUM 2009, S. 374 (382).

einzelnen Volljährigen[164]. Hinzu kommt, dass dadurch auch die Zahl der Vollzugsakte im Vergleich zu einer Anknüpfung an Einzelpersonen erheblich reduziert werden kann[165]. In die gleiche Richtung zielen die aktuellen Entwicklungen in Österreich[166] und in der Schweiz[167].

Die Haushaltsgemeinschaft wird schließlich angemessen im Tatbestand der Wohnung typisiert. Diese Typisierung gewährleistet die grundrechtssichernde Distanz des Staates, der infolge der Anknüpfung an das äußere Bild der Wohnung nicht darauf angewiesen ist, Einblick in die inneren Zusammenhänge und Abgrenzungen von Haushaltsgemeinschaften zu nehmen[168]. Gleichwohl werden mit Wohnungen weitestgehend Haushalte erfasst. Zudem liegt die Tatbestandlichkeit der Wohnung auch unter Praktikabilitätsgesichtspunkten nahe. Denn der Vollzug kann dadurch weitgehend auf bestehende Datensätze gestützt werden.

Vor diesem Hintergrund ist § 2 Abs. 1 RBStV verfassungsgemäß, wenn danach im privaten Bereich für jede Wohnung[169] von deren Inhaber ein Rundfunkbeitrag zu entrichten ist. Dass auch Zweitwohnungen eine volle Beitragspflicht auslösen, obwohl der haushalts- bzw. wohnungsbezogene

---

164 Für diese gruppenbezogene Erfassung auch *Paul Kirchhof*, Die Finanzierung des öffentlich-rechtlichen Rundfunks, 2010, S. 14 f.; *Christoph Degenhart*, Verfassungsfragen eines Rundfunkbeitrags für Mietfahrzeuge auf der Grundlage des Entwurfs für einen 15. Rundfunkänderungsstaatsvertrag, Rechtsgutachten, 2010, S. 16 f. („bewegt sich insoweit im Rahmen zulässiger Typisierung“).

165 *Armin Dittmann*, Die Finanzierung des öffentlich-rechtlichen Rundfunks durch eine Medienabgabe, 2009, S. 63.

166 In Österreich wird derzeit der Umstieg auf eine Haushaltsabgabe vorbereitet; siehe http://derstandard.at/1363709022601/ORF-Reform-Arbeitsgruppen-Experten-nehmen-Regierung-in-die-Pflicht (Beitrag vom 24.4.2013).

167 Auch der Schweizer Bundesrat plant im Rahmen einer Teilrevision des Radio- und Fernsehgesetzes (RTVG), die Rundfunkgebührenpflicht in Zukunft auf Haushalte und Unternehmen zu beziehen; siehe http://www.heise.de/newsticker/meldung/Schweiz-Systemwechsel-bei-Radio-und-TV-Gebuehren-1873914.html (Beitrag vom 30.5.2013).

168 *Andreas Gall/Axel Schneider*, in: Hahn/Vesting (Hrsg.), Beck'scher Kommentar zum Rundfunkrecht, 3. Aufl. 2012, Vor RBStV Rdnr. 44; *Axel Schneider*, Warum der Rundfunkbeitrag keine Haushaltsabgabe ist – und andere Fragen zum Rundfunkbeitragsstaatsvertrag, NVwZ 2013, S. 19 (22).

169 Zur Auslegung des in § 3 RBStV definierten Tatbestands der Wohnung im Einzelnen *Wolfgang Lent*, Die neue Rundfunkbeitragspflicht für Wohnungsinhaber, LKV 2012, S. 493 ff.; *Sabine Göhmann/Axel Schneider/Klaus Siekmann*, in: Hahn/Vesting (Hrsg.), Beck'scher Kommentar zum Rundfunkrecht, 3. Aufl. 2012, § 3 RBStV Rdnr. 5 ff.

Beitrag das Angebot des privaten Rundfunkempfangs an alle Haushaltsangehörigen dem Grundgedanken nach in vollem Umfang, also auch unabhängig vom Ort des Empfangs, entgilt[170], kann damit gerechtfertigt werden, dass sich nicht in grundrechtskonformer Weise – zumal missbrauchsausschließend – verifizieren lässt, welche Wohnungen Zweitwohnungen sind und wer tatsächlich in diesen Wohnungen wohnt, ob mit anderen Worten ein neuer, noch nicht durch den Rundfunkbeitrag erfasster Haushalt begründet wird oder nicht.

3. Eigenständige Erfassung des nicht privaten, vor allem gewerblichen Bereichs

Wenn der Mensch durch das öffentlich-rechtliche Rundfunkangebot pro Zeiteinheit immer nur einmal erreicht werden kann und dieses Angebot durch den haushaltsbezogenen Beitrag abgegolten ist, stellt sich die Frage, ob und inwieweit daneben eine eigenständige Beitragspflicht im nicht privaten, vor allem gewerblichen Bereich geboten oder jedenfalls zulässig ist.

Sachgerechter Anknüpfungspunkt ist hier der Befund, dass das öffentlich-rechtliche Rundfunkangebot im nicht privaten, vor allem gewerblichen Bereich in spezifischer Weise dem Unternehmer im Rahmen seines Unternehmens dient. Es ist dieser – durch den haushaltsbezogenen Beitrag nicht abgegoltene – unternehmerische, ökonomische Nutzen, der eine gesonderte Würdigung in einem gesonderten Verhältnis der Tauschgerechtigkeit gebietet[171]. Auch im bisherigen System der Rundfunk-„Gebühr“ stand die Abgabenpflichtigkeit von Radio- und Fernsehgeräten im nicht privaten Bereich außer Frage.

---

170 Kritisch dazu *Paul Kirchhof*, Die Finanzierung des öffentlich-rechtlichen Rundfunks, 2010, S. 61; auch *Stefan Korioth/Maxi Koemm*, Gut gemeint, doch schlecht gemacht: Die neue Rundfunkabgabe ist verfassungswidrig!, DStR 2013, S. 833 (836 ff.).

171 Jedenfalls im Ergebnis ebenfalls für eine eigenständige Erfassung des nicht privaten Bereichs *Christoph Degenhart*, Rechtsfragen einer Neuordnung der Rundfunkgebühr, ZUM 2009, S. 374 (382); *ders.*, Verfassungsfragen eines Rundfunkbeitrags für Mietfahrzeuge auf der Grundlage des Entwurfs für einen 15. Rundfunkänderungsstaatsvertrag, Rechtsgutachten, 2010, S. 18; *ders.*, Verfassungsrechtliche Zweifelsfragen des Rundfunkbeitragsstaatsvertrags, ZUM 2011, S. 193 (196); *ders.*, Verfassungsfragen des Betriebsstättenbeitrags nach dem Rundfunkbeitragsstaatsvertrag der Länder, Rechtsgutachten, K&R Beihefter 1/2013 zu Heft 3, S. 1

Adressat der Pflicht sollte aus Gründen der Zurechnung der Tatbestandserfüllung (arbeitsrechtlich erforderliche Erlaubnis des Arbeitgebers zur Rundfunknutzung), der Rechtfertigung der Belastung (Nutzenträgerschaft) und der Praktikabilität der Erhebung der Unternehmer sein.

Zur Beitragsbemessung im Einzelfall kommen verschiedene Kriterien in Betracht, die die hier eher heterogene Intensität der Eröffnung des öffentlich-rechtlichen Rundfunkangebots zu erfassen vermögen[172]. Auch insoweit gilt der Wirklichkeits-, hilfsweise der Wahrscheinlichkeitsmaßstab, der mit Typisierungserfordernissen, an erster Stelle dem Anliegen der Praktikabilität, abzustimmen ist. Schon dieser Abstimmungsbedarf steht der Annahme einer vollständigen oder auch nur weitgehenden verfassungsrechtlichen Determinierung der Bemessung im nicht privaten Bereich entgegen. Eindeutig ausgeschlossen sind freilich solche Kriterien, die eine realitätsgerechte Erfassung der Unterbreitung des Rundfunkangebots verzerren, ohne dabei durch Erfordernisse der Praktikabilität oder andere legitime Typisierungsmotive getragen zu sein. Vorstellbare Anknüpfungspunkte sind, ohne Anspruch auf Vollständigkeit und vorbehaltlich einer genaueren Prüfung und Konkretisierung, beispielsweise die Zahl der Beschäftigten, die geleisteten Arbeitsstunden oder auch die Zahl der Betriebsstätten, die ihrerseits nach der Zahl der dort jeweils Beschäftigten unterschieden werden können[173].

Lassen sich bestimmte Sektoren gewerblicher Tätigkeit benennen, in denen es typischerweise zu einem deutlich intensivierten, dem Unternehmer dienenden Rundfunkempfang kommt, gebietet der Wirklichkeitsmaßstab, diese Sektoren abgabentatbestandlich hervorzuheben. Dies dürfte vor allem für das Hotelgewerbe (auch Gästezimmer und Ferienwohnungen) gelten, wo auf die Zahl der Zimmer abgestellt werden kann, in denen in aller Regel der Fernsehempfang möglich ist. Auch betrieblich genutzte Kraftfahrzeuge, die heute in nahezu jedem Fall mit einem Autoradio ausgestattet sind und in denen es nach der Lebenserfahrung zu einem intensivierten Rundfunkemp-

---

(14); *Paul Kirchhof*, Die Finanzierung des öffentlich-rechtlichen Rundfunks, 2010, S. 61; grundsätzlich kritisch zur Beitragspflicht von Unternehmen dagegen *Matthias Wiemers*, Der neue Rundfunkbeitrag – ungerechtfertigte Belastungen für die Wirtschaft, GewArch. 2011, S. 110 (113).

172 Für eine Differenzierung zur Sicherung gleichheitsgerechter Belastung auch *Hans D. Jarass*, Verfassungsrechtliche Fragen einer Reform der Rundfunkgebühr, Rechtswissenschaftliches Gutachten, Mai 2007, S. 25.

173 Nach Maßgabe von Art. 3 Abs. 1 GG auch *Hans D. Jarass*, Verfassungsrechtliche Fragen einer Reform der Rundfunkgebühr, Rechtswissenschaftliches Gutachten, Mai 2007, S. 39.

fang kommt, bieten sich als Bemessungseinheiten an. Es ist diese typischerweise intensivierte Nutzung des Programmangebots, die die Hervorhebung rechtfertigt, nicht das – in die Vergangenheit weisende – Vorhandensein bestimmter Geräte[174].

Demgegenüber sind weniger intensive Nutzungen des Rundfunkempfangs oder auch empfangsfreie Räume im nicht privaten Bereich nicht hinreichend verlässlich zu typisieren. Auch eine Verifizierung im Einzelfall erscheint insoweit nicht praktisch durchführbar. Umgehungsmöglichkeiten würden damit Tür und Tor geöffnet werden[175]. Die – vorbehaltlich der Sonderfälle von § 5 Abs. 4 und Abs. 5 RBStV – generelle, ausnahmslose Erfassung des nicht privaten Bereichs ist daher verfassungsrechtlich zulässig[176].

Soweit der Rundfunkbeitragsstaatsvertrag eine eigenständige Beitragspflicht an die Einheit der Betriebsstätte knüpft (§ 5 Abs. 1 Satz 1 RBStV) und die Beitragshöhe pro Betriebsstätte gemäß der Zahl der Beschäftigten in dieser Betriebsstätte staffelt (§ 5 Abs. 1 Satz 2 RBStV), erscheint der Vertrag danach im Grundsatz verfassungsgemäß. Gleiches gilt für die Anknüpfung besonderer Beitragspflichten an Hotel- und Gästezimmer, an Ferienwohnungen zur vorübergehenden entgeltlichen Beherbergung Dritter und an Kraftfahrzeuge, die zu gewerblichen Zwecken oder einer anderen selbständigen Erwerbstätigkeit oder zu gemeinnützigen oder öffentlichen Zwecken des Inhabers genutzt werden (§ 5 Abs. 2 RBStV).

Vorbehaltlich der grundstücksbezogenen Vereinheitlichungen (§ 6 Abs. 1 Satz 2 RBStV) wird nach § 5 Abs. 1 RBStV jede Betriebsstätte ein-

---

174 So aber der Vorwurf der Inkonsistenz von *Christoph Degenhart*, Verfassungsfragen eines Rundfunkbeitrags für Mietfahrzeuge auf der Grundlage des Entwurfs für einen 15. Rundfunkänderungsstaatsvertrag, Rechtsgutachten, 2010, S. 30 ff.; *ders.*, Verfassungsrechtliche Zweifelsfragen des Rundfunkbeitragsstaatsvertrags, ZUM 2011, S. 193 (197); auch *Matthias Wiemers*, Der neue Rundfunkbeitrag – ungerechtfertigte Belastungen für die Wirtschaft, GewArch. 2011, S. 110 (113); *Marcel Séché*, Verfassungsbeschwerden gegen den Rundfunkbeitrag im nicht-privaten Bereich, NVwZ 2013, S. 683 (685).

175 Auch *Axel Schneider/Klaus Siekmann*, in: Hahn/Vesting (Hrsg.), Beck'scher Kommentar zum Rundfunkrecht, 3. Aufl. 2012, § 5 RBStV Rdnr. 7 ff.

176 Ebenso im Ergebnis *Axel Schneider*, Warum der Rundfunkbeitrag keine Haushaltsabgabe ist – und andere Fragen zum Rundfunkbeitragsstaatsvertrag, NVwZ 2013, S. 19 (22); a. A. *Thomas Koblenzer*, Abgabenrechtliche Qualifizierung des neuen Rundfunkbeitrags und finanzverfassungsrechtliche Konsequenzen, Rechtsgutachten, S. 17; *Christoph Degenhart*, Verfassungsfragen des Betriebsstättenbeitrags nach dem Rundfunkbeitragsstaatsvertrag der Länder, Rechtsgutachten, K&R Beihefter 1/2013 zu Heft 3, S. 1 (18).

zeln zugrunde gelegt und erst im Rahmen dessen nach der Beschäftigtenzahl differenziert. Mitunter werden insoweit Verwerfungen bemängelt, die sich aus Vergleichsrechnungen für Unternehmen mit großen Standorten einerseits und für Filialunternehmen andererseits ergäben[177]. Dies könnte zu weiteren Überlegungen darüber Anlass geben, ob der Beschäftigtenzahl eventuell betriebsstättenübergreifend ein höheres Gewicht beizulegen ist[178]. Allerdings erscheint verfassungsrechtlich ebenso relevant, dass die ausgestaltete Regelung eine Gleichbehandlung konkurrierender Marktteilnehmer bewirkt, so zwischen der Filiale eines großen Unternehmens und einem konkurrierenden Einzelhändler[179]. Dies deutet zugleich darauf hin, dass sich der mögliche Nutzen aus dem öffentlich-rechtlichen Rundfunk gerade im Kundengeschäft nach den Betriebsstätten bemessen dürfte. Im Übrigen sind auch an dieser Stelle die Typisierungsanliegen der Klarheit und Vollziehbarkeit, zudem – mit Blick auf mögliche Gestaltungsoptionen – der Unvermeidlichkeit der Abgabe zu berücksichtigen.

Probleme kann gleichwohl die Tatsache aufwerfen, dass die Raumeinheit der Betriebsstätte in § 6 Abs. 1 RBStV zweckbezogen definiert ist, sich danach also Untergliederungen nach Maßgabe der Zwecksetzungen des Raumes ergeben. Insoweit stellt sich die Frage, in welchem sachlichen Zusammenhang die eigenständige Zwecksetzung eines Raumes oder der Fläche innerhalb eines Raumes zur Rechtfertigung der Abgabenbelastung steht. Während die Abgrenzung zwischen privater und erwerbswirtschaftlicher Sphäre (vgl. aus dem Einkommensteuerrecht § 12 EStG), also zwischen privatem und nicht privatem Bereich, für die Erhebung des Rundfunkbeitrags von grundsätzlicher Bedeutung ist, weil hier jeweils eigenständige Verhältnisse der Tauschgerechtigkeit nebeneinander stehen, erscheinen Unterscheidungen zwischen verschiedenen nicht privaten Zwecksetzungen, also einzelnen Raumwidmungen innerhalb des nicht privaten Bereichs, als für die Beitragsbemessung nicht zwingend bedeutsam. Hinzu kommt, dass die Konkretisierung dessen, was als „eigenständiger“ Zweck gelten kann, über-

177 *Christoph Degenhart*, Verfassungsfragen des Betriebsstättenbeitrags nach dem Rundfunkbeitragsstaatsvertrag der Länder, Rechtsgutachten, K&R Beihefter 1/2013 zu Heft 3, S. 1 (5 f. und 22).

178 Siehe auch *Marcel Séché*, Verfassungsbeschwerden gegen den Rundfunkbeitrag im nicht-privaten Bereich, NVwZ 2013, S. 683 (684 f.).

179 Ebenso *Axel Schneider*, Antworten auf „Verfassungsfragen des Betriebsstättenbeitrags nach dem Rundfunkbeitragsstaatsvertrag der Länder“, ZUM 2013, S. 472 (478).

aus problematisch ist[180], zu Vollzugsschwierigkeiten führen dürfte und möglicherweise auch zu Missbrauch Anlass geben könnte. Vor diesem Hintergrund erscheint es ratsam zu prüfen, ob das Unterscheidungsmerkmal des eigenständigen Zwecks eines Raumes oder einer Fläche innerhalb eines Raumes tatsächlich unverzichtbar ist. Soweit Fälle erfasst werden sollen, in denen unterschiedliche Unternehmer dasselbe Gebäude oder Großraumbüro nutzen, sollte eher nach den verschiedenen Unternehmern differenziert und die Beitragspflicht entsprechend personal angeknüpft werden. Hilfsweise kommt zur Erhöhung der Rechtssicherheit noch in Betracht, den ertragsteuerrechtlichen Begriff des Betriebs zu nutzen, der betriebliche Einheiten abgrenzt[181].

Rechtfertigt sich die Abgabenbelastung im nicht privaten Bereich durch den unternehmerischen Zusammenhang des Rundfunkempfangs, der vom Zusammenhang des Empfangs im privaten Bereich zu unterscheiden ist, dann wird sich dies im Übrigen ertragsteuerrechtlich regelmäßig und vorbehaltlich privater Mitveranlassung (§ 12 Nr. 1, § 4 Abs. 5 Satz 1 Nr. 7 EStG) in der Einordnung der Rundfunkabgabe als abzugsfähige Betriebsausgabe widerspiegeln[182]. Diese Abzugsfähigkeit bei der Einkommen- und Körperschaftsteuer, im Ergebnis auch bei der Gewerbesteuer, mindert die effektive Beitragsbelastung der Unternehmer je nach der Höhe ihrer Steuersätze.

4. Rundfunkempfang im staatlichen Bereich

Für Zwecke der Besteuerung wird der staatliche dem privatwirtschaftlichen Bereich grundsätzlich insoweit gleichgestellt, als dies zur Verhinderung von Wettbewerbsverzerrungen geboten ist. Einkommen-, körperschaft-, gewerbe- und umsatzsteuerpflichtig sind deshalb staatliche Betriebe gewerblicher Art, die keine dem Staat eigentümlichen und vorbehaltenen Hoheitsaufga-

---

180 Siehe die Näherungen in *Axel Schneider*, in: Hahn/Vesting (Hrsg.), Beck'scher Kommentar zum Rundfunkrecht, 3. Aufl. 2012, § 6 RBStV Rdnr. 13 f.

181 *Wolfram Reiß*, in: Kirchhof/Söhn/Mellinghoff (Hrsg.), Einkommensteuergesetz, Kommentar, Stand: März 2013, § 16 Rdnr. B 214 ff.

182 *Hartmut Söhn*, in: Kirchhof/Söhn/Mellinghoff (Hrsg.), Einkommensteuergesetz, Kommentar, Stand: März 2013, § 4 Rdnr. E 1200 (Stichwort „Fernsehgerät").

ben erfüllen und die zu privaten Unternehmen in Konkurrenz treten (vgl. die Grundnorm des § 4 KStG)[183].

Im Bereich der Entgelte sind staatliche Einheiten teilweise gänzlich, teilweise ebenfalls je nach bestehendem oder nicht bestehendem Wettbewerb mit der Privatwirtschaft abgabenbefreit[184].

Die Erhebung von Rundfunkbeiträgen bedarf hier allerdings einer ganz eigenständigen Beurteilung, weil ertragsberechtigt nicht die allgemeine Staatskasse, sondern – verfassungsrechtlich zwingend – die jeweilige Rundfunkanstalt ist, deren Programmautonomie um der Grundversorgung willen auch in den finanziellen Voraussetzungen gesichert werden muss. Dies spricht dafür, bei der Abgabenpflicht nicht zwischen staatlichen und anderen Empfängern des Rundfunkangebots zu unterscheiden, sondern allein die kostenverursachende Unterbreitung des Angebots, gleich an welchen Adressaten, als Begründung für die Heranziehung zum Beitrag genügen zu lassen. Hinzu kommt, dass das für die ausdifferenzierte Umgrenzung der Steuerpflicht des Staates maßgebliche Ziel, Wettbewerbsneutralität im Verhältnis zur Privatwirtschaft herzustellen, im vorliegenden Zusammenhang von vornherein keine besondere Bedeutung hat. Denn die in der Höhe vergleichsweise geringe Rundfunkabgabe ist sehr viel weniger wettbewerbserheblich als die nach Erträgen bemessene Einkommensteuer oder die nach Umsätzen bemessene Umsatzsteuer. Danach können sowohl hoheitlich tätige Einrichtungen wie auch Betriebe gewerblicher Art in die Beitragspflicht einbezogen werden. Für diese Einbeziehung spricht schließlich auch, dass sie Abgrenzungen zur nichtstaatlichen Sphäre entbehrlich macht, nicht zuletzt dort, wo diese Abgrenzungen Probleme bereiten (Beleihungen, Verwaltungshelfer, gemischt-wirtschaftliche Unternehmen, Public-Private-Partnerships etc.).

Bei der Ausgestaltung der staatlichen Beitragspflicht sollten grundsätzlich die gleichen Kriterien herangezogen werden wie für den nichtstaatlichen Bereich. Differenzierungsbedarf ist insoweit nicht ersichtlich.

Verfassungsrechtlich zwingend ist die Einbeziehung des Staates in die Rundfunkabgabenpflicht allerdings nicht. Die aus einer Freistellung des

183 *Peter Selmer/Lerke Schulze-Osterloh*, Besteuerung öffentlicher Unternehmen und Wettbewerbsneutralität, DÖV 1978, S. 381 ff.; *Roman Seer*, Inhalt und Funktion des Begriffs „Betrieb gewerblicher Art" für die Besteuerung der öffentlichen Hand, DStR 1992, S. 1751 ff. und S. 1790 ff.; *Rainer Hüttemann*, Die Besteuerung der öffentlichen Hand, 2002.

184 Exemplarisch § 8 Abs. 1 des Landesgebührengesetzes Rheinland-Pfalz.

Staates bei gleichem Finanzierungsbedarf der Anstalten resultierende Mehrbelastung der Haushaltsinhaber und Unternehmer würde nicht gegen das Gebot der Lastengleichheit verstoßen, weil der verfassungsrechtliche Gleichheitssatz im Verhältnis zwischen Staat und Bürger nicht ohne weiteres gilt[185]. Auch unter dem Gesichtspunkt der Wettbewerbsneutralität wäre ein vollständiger Verzicht auf die staatliche Beitragspflicht angesichts der geringen Wettbewerbserheblichkeit des Rundfunkbeitrags zulässig.

Nach diesen Maßgaben ist es verfassungsgemäß, dass der Tatbestand der Betriebsstätte nach § 6 Abs. 1 RBStV auch den gesamten staatlichen Bereich erfasst[186]. Problematisch erscheint die Erstreckung freilich wiederum mit Blick auf die Unterscheidung jeweils beitragspflichtiger Betriebsstätten nach dem Kriterium der eigenständigen Zweckverfolgung. Schwieriger noch als im Bereich der Privatwirtschaft lässt sich in der staatlichen Sphäre bestimmen, welche Zweckverfolgungen als jeweils eigenständig anzusehen sind. Die sich hier stellenden Subsumtionsprobleme unterstreichen das Gebot einer sorgfältigen Prüfung der tatsächlichen Erforderlichkeit des eigenständigen Zwecks als Tatbestandsmerkmal der Betriebsstätte in § 6 Abs. 1 RBStV.

5. Vermutung, Widerleglichkeit und Befreiungen

Die durch die Abgabenart des Beitrags ermöglichte Abstraktion vom konkreten Rundfunkempfang, die verallgemeinerte Bezugnahme auf den Menschen, der durch klassische oder aber neuartige Technologien zum Rundfunkempfang befähigt wird, und die tatbestandliche Erfassung der Adressaten in Haushaltsgemeinschaften (Wohnungen) oder auch unternehmerischen Einheiten (Betriebsstätten), innerhalb derer Rundfunk empfangen

185 Hier ergibt sich mithin anderes als bei der sozialstaatlichen Abstimmung des Rundfunkbeitrags. Denn die Entlastung der sozial schwachen Empfänger des Rundfunkangebots darf nicht zulasten der Gruppe der Beitragszahler gehen, weil die sozialstaatliche Unterstützung eine aus den allgemeinen Haushaltsmitteln zu finanzierende Staatsaufgabe, nicht die Aufgabe einer gesellschaftlichen Gruppe ist; dazu ausführlicher unten E.III.1.

186 Siehe die Begründung zum Fünfzehnten Staatsvertrag zur Änderung rundfunkrechtlicher Staatsverträge (Fünfzehnter Rundfunkänderungsstaatsvertrag), S. 24 („auch öffentliche … Betriebe mit und ohne Erwerbsziel"); kritisch dagegen, dies allerdings auf der Basis einer Grundsatzkritik, *Ermano Geuer*, Der Rundfunkbeitrag aus kommunaler Sicht, HGZ 2013, S. 115 ff.

wird, sollten in den allermeisten Fällen sicherstellen, dass die Abgabenbelastung dem Prinzip der Tauschgerechtigkeit entspricht[187].

Die Zahlen sprechen dabei für sich[188]: So verfügen – im Jahr 2010 – 97 % der deutschen Haushalte über mindestens ein Fernsehgerät, 96 % über mindestens ein Radio und 77 % über mindestens einen internetfähigen PC[189]. Hinzu kommt die starke Verbreitung von Mobiltelefonen mit Internetzugang. Schließlich ist zu berücksichtigen, dass – für das Jahr 2011 – 98 % der Neuwagen und 97 % der Gebrauchtwagen mit einem Autoradio ausgestattet sind[190].

Dennoch bleibt zu bedenken, dass sich das Entgelt, das zur Gemeinlast der Steuer hinzutritt, auch im Fall des vom konkreten Nutzen abstrahierenden Beitrags allein durch den individuellen Vorteilsausgleich rechtfertigt, nicht durch die Finanzierungsbedürftigkeit einer bestimmten Einrichtung[191]. Dies gilt auch dann, wenn diese Einrichtung – wie hier – gewichtige Grundrechte gewährleistet und die Wahl der Finanzierung über einen isolierten Entgeltkreislauf einem bedeutsamen, seinerseits grundrechtswesentlichen Anliegen dient, hier der Staatsferne der Rundfunkanstalten. So fragt sich, ob es aus verfassungsrechtlichen Gründen erforderlich ist, insbesondere die im Haushaltsbezug des Tatbestands gefasste Vermutung für den Rundfunkempfang widerleglich auszugestalten, also eine Möglichkeit vorzusehen, die es dem einzelnen Haushaltsinhaber erlaubt nachzuweisen, dass

---

187 *Axel Schneider*, Antworten auf „Verfassungsfragen des Betriebsstättenbeitrags nach dem Rundfunkbeitragsstaatsvertrag der Länder“, ZUM 2013, S. 472 (473 f.).

188 Diese betont auch *Hans D. Jarass*, Verfassungsrechtliche Fragen einer Reform der Rundfunkgebühr, Rechtswissenschaftliches Gutachten, Mai 2007, S. 21; den Zahlenbefund blendet *Christoph Degenhart*, Verfassungsfragen des Betriebsstättenbeitrags nach dem Rundfunkbeitragsstaatsvertrag der Länder, Rechtsgutachten, K&R Beihefter 1/2013 zu Heft 3, S. 1 (11) dagegen aus.

189 *Birgit van Eimeren/Christa-Maria Ridder*, Trends in der Nutzung und Bewertung der Medien 1970 bis 2010, Media Perspektiven 2011, S. 2 (3).

190 *Deutsches Kraftfahrzeuggewerbe*, Zahlen & Fakten 2011, Ausgabe 2012, S. 29, abrufbar unter http://www.kfzgewerbe.de/fileadmin/user_upload/Presse/Zahlen_Fakten/Zahlen_Fakten_2012.pdf.

191 *Paul Kirchhof*, Die Finanzierung des öffentlich-rechtlichen Rundfunks, 2010, S. 57 f. unterscheidet hier zwischen „einer anstaltsbezogenen Verteilungsgerechtigkeit“ und „einer nutzerbezogenen Tauschgerechtigkeit“ und sieht in der Tradition des deutschen Beitragsrechts ebenfalls den öffentlich-rechtlichen Vorteilsausgleich im Vordergrund; nach *Annette W. Reuters*, Die Rundfunkgebühr auf dem Prüfstand der Finanzverfassung, 2009, S. 175 war schon die alte Rundfunkgebühr wegen fehlender Sicherstellung des Vorteilsausgleichs als Steuer einzuordnen, die mangels Kompetenzgrundlage verfassungswidrig erhoben worden sei.

die Haushaltsmitglieder kein öffentlich-rechtliches Rundfunkangebot erhalten, weil sie nicht über die Voraussetzungen dafür verfügen.

Der abgabenrechtliche Wirklichkeitsmaßstab drängt auf die Eröffnung einer solchen Möglichkeit. Dieser Maßstab fragt danach, ob der Sondervorteil im einzelnen Fall gewährt oder nicht gewährt worden ist. Als tatbestandsausschließendes Kriterium bietet sich dabei der Nachweis an, dass aus bestimmten Gründen keinerlei Zugangsmöglichkeit zum öffentlich-rechtlichen Rundfunk besteht.

Zugleich sind aber auch die gerade hier besonders gewichtigen Typisierungsanliegen zu würdigen, die eine tendenziell weite Typisierungsbefugnis des Gesetzgebers begründen[192]. Der Rundfunkbeitrag wird in einem Massenverfahren erhoben, das auf einfache Vollziehbarkeit und Unkompliziertheit angewiesen ist. Die Beitragshöhe, also die Eingriffsintensität, ist für den einzelnen Abgabepflichtigen moderat, zumal unter Berücksichtigung der sozialstaatlichen Abstimmung in Fällen sozialer Härten[193]. Weiterhin sind die Fälle, in denen eine Ausnahme von der Beitragspflicht tatsächlich in Betracht kommt, in der Rechtswirklichkeit sehr überschaubar. Und schließlich ist die Verifikation des Nichtvorliegens der Tatbestandsvoraussetzungen der Beitragspflicht mit erheblichen Eingriffen in die Privatsphäre verbunden. All diese Gesichtspunkte stehen der Annahme einer verfassungsrechtlichen Notwendigkeit, die Abgabenpflicht widerleglich auszugestalten, entgegen.

Für eine solche Notwendigkeit streitet im Übrigen auch nicht die Unterscheidung zwischen einer Typisierung im „Abgabenmaßstab“ und einer Typisierung im „Abgabengrund“[194]. Die Anliegen, die eine Typisierung im Steuerrecht wie auch im Recht der entgeltenden Abgaben rechtfertigen, lassen diese Unterscheidung als unerheblich erscheinen[195]. Denn auch dann, wenn dem Grunde nach eine tatbestandliche Ausnahme von der Abgabenpflicht vorstellbar wäre, können hinreichend gewichtige Gesichtspunkte der Vereinfachung, der Verlässlichkeit, der Einsichtigkeit, der Praktikabilität

192 Siehe oben E.I.

193 Siehe unten E.III.1.

194 *Christoph Degenhart*, Verfassungsfragen des Betriebsstättenbeitrags nach dem Rundfunkbeitragsstaatsvertrag der Länder, Rechtsgutachten, K&R Beihefter 1/2013 zu Heft 3, S. 1 (16 f.).

195 Ebenso *Axel Schneider*, Antworten auf „Verfassungsfragen des Betriebsstättenbeitrags nach dem Rundfunkbeitragsstaatsvertrag der Länder“, ZUM 2013, S. 472 (474 f.).

und der Gleichheit im Vollzug für eine Einbeziehung in den Abgabentatbestand sprechen. Aus dem rein faktischen Befund, dass das Bundesverfassungsgericht im Steuerrecht vielfach mit Typisierungen der Höhe nach (Pauschalierungen)[196] befasst ist, kann freilich nicht geschlossen werden, dass das Gericht Typisierungen dem Grunde nach reserviert gegenüberstünde. Bei näherer Betrachtung zeigt sich im Übrigen, dass das Steuerrecht auch in Fragen der Begründung der Steuerpflicht von Typisierungen durchzogen ist, ohne dass dies verfassungsrechtlich zu rügen wäre[197]. Für den Bereich der Rundfunkabgabe hat das Bundesverfassungsgericht Typisierungen dem Grunde nach sogar ganz ausdrücklich zugelassen, dies etwa bei der Würdigung von § 1 Abs. 3 Satz 1 RGebStV, wonach der Zulassungsinhaber eines Kraftfahrzeugs als Rundfunkteilnehmer und damit als Gebührenpflichtiger für das dort eingebaute Rundfunkempfangsgerät gilt[198]. Auch das Bundesverwaltungsgericht sieht die Typisierung dem Grunde nach im Recht der Rundfunkabgaben als verfassungsrechtlich zulässig an und dabei allein durch den Willkürmaßstab begrenzt[199].

Im Ergebnis verbleiben Wirklichkeitsmaßstab und Typisierungsbefugnis im vorliegenden Zusammenhang in einem mit hinreichender Verlässlichkeit nur schwer aufzulösenden Spannungsverhältnis. Zur verfassungsrechtlichen Absicherung, auch um der Einsichtigkeit der Abgabe und um des Rechtsfriedens willen ist daher zu empfehlen, die Widerlegung der Beitragspflicht

---

196 Zutreffend mit dieser begrifflichen Konkretisierung *Axel Schneider*, Antworten auf „Verfassungsfragen des Betriebsstättenbeitrags nach dem Rundfunkbeitragsstaatsvertrag der Länder", ZUM 2013, S. 472 (474).

197 Dies gilt schon für die Abgrenzung zwischen der Privat- und der Erwerbssphäre und für die Annahme der Einkünfteerzielungsabsicht, sodann auch für die Einordnung in die einzelnen Einkunftsarten; siehe *Paul Kirchhof*, in: ders. (Hrsg.), EStG, Kommentar, 12. Aufl. 2013, Einleitung Rdnr. 32 („Das EStG darf sich grds. am Regelfall orientieren und ist nicht gehalten, allen Besonderheiten jeweils durch Sonderregelungen Rechnung zu tragen. Deshalb unterscheidet das EStG in den sieben Einkunftsarten Regelerscheinungsformen des Wirtschaftslebens, grenzt die Erwerbs- v. der Privatsphäre nach Üblichkeit und Herkommen ab…").

198 BVerfG, NVwZ-RR 2011, S. 465 („Art. 3 I GG lässt gerade bei Massenerscheinungen, wie sie die Erhebung von Rundfunkgebühren darstellt, grundsätzlich auch generalisierende, typisierende und pauschalierende Regelungen zu, ohne allein wegen der damit verbundenen Härten gegen den allgemeinen Gleichheitssatz zu verstoßen… Die Bestimmung des Zulassungsinhabers als Rundfunkteilnehmer unabhängig von der, im Einzelfall bestehenden, Nutzungsmöglichkeit stellt eine zulässige Typisierung dar.").

199 BVerwG, Beschluss vom 4.4.2002, Az. 6 B 1/02 (juris), Rdnr. 6.

unter bestimmten Voraussetzungen zu eröffnen[200]. Dadurch wird gewährleistet, dass die abgabentatbestandliche Grenze zwischen Vorzugslast und Gemeinlast (Steuer) verlässlich gewahrt bleibt, also nicht einmal der Anschein entstehen kann, die Abgabe sei eine allgemeine, steuerähnliche Gemeinwohlabgabe oder auch „Demokratieabgabe“. Freilich können dem Betreffenden insoweit Begründungs- und Nachweispflichten auferlegt werden. Auf Eingriffe in seine Privatsphäre muss er sich einlassen.

In der Sache erscheinen in diesem Zusammenhang vor allem Regelungen naheliegend, die typisierend der Tatsache Rechnung tragen, dass Sehbehinderte und Hörgeschädigte wie auch geistig Behinderte vom Rundfunkangebot gar nicht oder nur in geringem Umfang erreicht werden. Die Ausnahme von der Beitragspflicht folgt hier nicht erst aus dem Sozialstaatsprinzip des Art. 20 Abs. 1 GG, sondern aus dem die Lastengerechtigkeit sichernden Wirklichkeitsmaßstab[201]. Die Tatbestandsbildung fällt insoweit vergleichsweise leicht, weil an Begrifflichkeiten und Einordnungen in anderen Rechtsgebieten, insbesondere im Sozialrecht, angeknüpft werden kann. Soweit derartige Anknüpfungen möglich sind, wird man auf einzelfallbezogene Prüfungen vielfach verzichten können. Selbst ein Antragserfordernis erscheint entbehrlich, wenn auf entsprechende Datenbestände zurückgegriffen werden kann. Je nach dem Grad der Behinderung kann eine vollständige oder eine teilweise Befreiung von der Rundfunkabgabe angezeigt sein.

Darüber hinaus kommt in Betracht, dem Haushaltsinhaber gesetzlich zu ermöglichen, die Widerlegung der Beitragspflicht auf technische Gründe zu stützen, also darauf, dass er und die Mitglieder seines Haushalts über keinerlei technischen Zugang zum öffentlich-rechtlichen Rundfunk, namentlich keine entsprechenden Empfangsgeräte verfügen. Verschiedene gewichtige Gesichtspunkte sprechen allerdings gegen die Ausgestaltung eines diesbezüglichen Antragsverfahrens. So ist die Zahl der Fälle, die hier in Betracht kommen, sehr gering. Der Verwaltungsaufwand zur Verifikation des Vor-

---

200 So auch *Christoph Degenhart*, Rechtsfragen einer Neuordnung der Rundfunkgebühr, ZUM 2009, S. 374 (382); *Paul Kirchhof*, Die Finanzierung des öffentlich-rechtlichen Rundfunks, 2010, S. 58; *Thomas Koblenzer*, Abgabenrechtliche Qualifizierung des neuen Rundfunkbeitrags und finanzverfassungsrechtliche Konsequenzen, Rechtsgutachten, S. 14 ff.

201 Demgegenüber unterstellt das Bundessozialgericht, dass „die deutsche Bevölkerung unabhängig von Behinderungen nahezu vollständig Rundfunk hört und fernsieht“, um daraus nach Maßgabe des Grundsatzes der verhältnismäßigen Gleichbehandlung aller Nutzer auf die Unzulässigkeit einer Beitragsbefreiung Behinderter zu schließen; BSG, NJW 2001, S. 1966.

liegens der Befreiungsvoraussetzungen ist zugleich sehr hoch. Zudem ist die Verifikation mit massiven Eingriffen in die Privatsphäre verbunden, deren Verfassungsmäßigkeit sehr zweifelhaft wäre, insbesondere im Angesicht des starken grundrechtlichen Schutzes von Mobilfunkdaten durch das Recht auf informationelle Selbstbestimmung gemäß Art. 1 Abs. 1 i. V. m. Art. 2 Abs. 1 GG. Schließlich liegen die Missbrauchsgefahren auf der Hand, wenn man sich die geringe Größe und die Mobilität heutiger Empfangsgeräte und die Leichtigkeit vor Augen führt, mit der sich jeder Bürger kurzfristig Zugang zum öffentlich-rechtlichen Rundfunk verschaffen kann. Für eine verlässliche Verifikation kommt vor diesem Hintergrund letztlich nur das Instrument der eidesstaatlichen Versicherung in Betracht, dessen Einsatz aber wegen der geringen Beitragshöhe einerseits und der Strafandrohung gemäß § 156 StGB andererseits unverhältnismäßig wäre[202]. Im Ergebnis sollte deshalb eine auf fehlende technische Zugangsmöglichkeiten gestützte Befreiung von der Beitragspflicht aus verfassungsrechtlichen Gründen nicht vorgesehen werden.

Letzteres gilt schließlich ebenso für das Vorbringen, es seien zwar die technischen Voraussetzungen für den Empfang vorhanden, doch werde auf den Konsum des öffentlich-rechtlichen Rundfunks verzichtet. Ein solches Vorbringen ist, dies ist ein gesicherter Bestand der Rechtsprechung, rundfunkverfassungsrechtlich unerheblich, weil der Rundfunk, auch zur Sicherung des Grundversorgungsauftrags, sach- und abgabenrechtlich als Gesamtveranstaltung zu verstehen ist[203]. Eine Verifikation des tatsächlichen Konsumverhaltens wäre darüber hinaus auch mit den Anforderungen des Datenschutzes nicht zu vereinbaren.

Die staatsvertraglichen Ausgestaltungen korrespondieren mit diesen Vorgaben. So ermäßigt sich nach § 4 Abs. 2 RBStV der Beitrag bestimmter seh- und hörbehinderter Menschen wie auch von Menschen, die aufgrund ihres Leidens an öffentlichen Veranstaltungen ständig nicht teilnehmen können,

---

202 *Axel Schneider*, Warum der Rundfunkbeitrag keine Haushaltsabgabe ist – und andere Fragen zum Rundfunkbeitragsstaatsvertrag, NVwZ 2013, S. 19 (22).

203 BVerfGE 31, 314 (329 f.); siehe bereits oben D.III.2.c.; die Berufung darauf, dass nur das Radio-, nicht aber das Fernsehprogramm konsumiert wird, muss darüber hinaus auch aus weiteren Gründen unerheblich sein; dies zum einen im Angesicht der Medienkonvergenz und der Multifunktionalität der Geräte, zum anderen mit Blick auf die Organisations- und Finanzierungsstrukturen der Anstalten; dazu *Hans D. Jarass*, Verfassungsrechtliche Fragen einer Reform der Rundfunkgebühr, Rechtswissenschaftliches Gutachten, Mai 2007, S. 23; *Hermann Eicher*, Von der Rundfunkgebühr zum Rundfunkbeitrag, Media Perspektiven 2012, S. 614 (617).

auf ein Drittel. Gänzlich von der Beitragspflicht befreit sind taubblinde Menschen und Empfänger von Blindenhilfe nach § 72 SGB XII (§ 4 Abs. 1 Nr. 10 RBStV). Die Erstreckung dieser Befreiungen und Ermäßigungen auf bestimmte andere Personen innerhalb der Wohnung (§ 4 Abs. 3 RBStV) rechtfertigt sich aus dem Gedanken der Einsatzgemeinschaft (vgl. § 19 SGB XII)[204]. Vorbehaltlich einzelner Abgrenzungs- und Bemessungsfragen[205] und auch der Frage, ob in diesem Zusammenhang in jedem Fall ein Antragsverfahren erforderlich ist, erscheinen diese Regelungen als verfassungsgemäß.

Gleiches gilt für die staatsvertraglich fehlende Ausgestaltung von Befreiungsmöglichkeiten unter Berufung auf das Nichtvorhandensein geeigneter Empfangsgeräte oder auch unter Berufung darauf, dass das öffentlich-rechtliche Rundfunkprogramm nicht konsumiert wird[206].

III. Sozialstaatliche Abstimmung

1. Teilhabe sozial Schwacher

In seiner Entscheidung über die Bemessung von Sozialleistungen nach dem Sozialgesetzbuch II („Hartz IV“) hat das Bundesverfassungsgericht im Jahr 2010 ausdrücklich bestätigt, dass der „unmittelbar verfassungsrechtliche

---

204 Begründung zum Fünfzehnten Staatsvertrag zur Änderung rundfunkrechtlicher Staatsverträge (Fünfzehnter Rundfunkänderungsstaatsvertrag), S. 15.

205 Insbesondere mit Blick auf die weitgehende Beschränkung auf die Ermäßigung auf ein Drittel; vgl. dazu die Wertung in BSG, Breith 2012, S. 765 ff.; auch *Wolfgang Lent*, Die neuen Befreiungs- und Ermäßigungsregelungen für Wohnungsinhaber im Rundfunkbeitragsstaatsvertrag, Sozialrecht aktuell 2013, S. 6 (8).

206 Ebenso *Wieland Bosman*, Paradigmenwechsel in der Rundfunkfinanzierung: Von der Rundfunkgebühr zum Rundfunkbeitrag, K&R 2012, S. 5 (9); *Axel Schneider*, Warum der Rundfunkbeitrag keine Haushaltsabgabe ist – und andere Fragen zum Rundfunkbeitragsstaatsvertrag, NVwZ 2013, S. 19 (22); *Gyde Maria Bullinger*, Der neue Rundfunkbeitrag – Formell verfassungsgemäß oder unzulässige Steuer?, Wissenschaftliche Dienste des Deutschen Bundestages, Az. WD 10 - 3000 - 009/13, 2013, S. 16; a. A. *Thomas Koblenzer*, Abgabenrechtliche Qualifizierung des neuen Rundfunkbeitrags und finanzverfassungsrechtliche Konsequenzen, Rechtsgutachten, S. 16; zweifelnd *Christoph Degenhart*, Verfassungsrechtliche Zweifelsfragen des Rundfunkbeitragsstaatsvertrags, ZUM 2011, S. 193 (196); deutlich dann *ders.*, Verfassungsfragen des Betriebsstättenbeitrags nach dem Rundfunkbeitragsstaatsvertrag der Länder, Rechtsgutachten, K&R Beihefter 1/2013 zu Heft 3, S. 1 (17 f.).

Leistungsanspruch auf Gewährleistung eines menschenwürdigen Existenzminimums … das gesamte Existenzminimum durch eine einheitliche grundrechtliche Garantie" gewährleistet, „die sowohl die physische Existenz des Menschen, also Nahrung, Kleidung, Hausrat, Unterkunft, Heizung, Hygiene und Gesundheit … als auch die Sicherung der Möglichkeit zur Pflege zwischenmenschlicher Beziehungen und zu einem Mindestmaß an Teilhabe am gesellschaftlichen, kulturellen und politischen Leben umfasst, denn der Mensch als Person existiert notwendig in sozialen Bezügen"[207]. Der Gewährleistung aus Art. 1 Abs. 1 i. V. m. Art. 20 Abs. 1 GG lässt sich auf dieser Grundlage ein Recht entnehmen, gerade auch über den – die informationelle Grundversorgung sicherstellenden – öffentlich-rechtlichen Rundfunk am „gesellschaftlichen, kulturellen und politischen Leben" teilhaben zu können[208].

Diese Teilhabe lässt sich für sozial Schwache im Grundsatz auf zwei Wegen verwirklichen. Sozial Schwache können zum einen von der Pflicht, Rundfunkbeiträge zu entrichten, befreit werden. Zum anderen kommt in Betracht, die auch von sozial Schwachen zu zahlende Rundfunkabgabe in den Leistungskatalog des Sozialhilferechts aufzunehmen.

Die Problematik des erstgenannten Lösungswegs ergibt sich daraus, dass die Befreiung aus sozialen Gründen – vorbehaltlich der Auffüllung der entstehenden Deckungslücke mit allgemeinen Haushaltsmitteln – im Ergebnis von den anderen Beitragspflichtigen kompensiert werden muss. Sie haben dann einen entsprechend höheren Beitrag zu entrichten, der bei unterstellter Volldeckung des Finanzierungsbedarfs durch die Beiträge über die Leistungsäquivalenz hinausgeht. Dies konfligiert jedoch mit der Feststellung, dass die Sicherung des sächlichen Existenzminimums eine allgemeine Staatsaufgabe ist, die aus den allgemeinen, primär steuerlichen Haushaltsmitteln, nicht dagegen von einer bestimmten Gruppe der Gesellschaft zu finanzieren ist. Eine derartige Gruppenfinanzierung setzt nach den Maßstäben des Sonderabgabenrechts eine vorgefundene Sachverantwortung voraus, die vorliegend aber nicht zu erkennen ist. Die Gruppe der Beitragszahler trägt keine besondere Verantwortung für die Gewährleistung des sächlichen

---

207 BVerfGE 125, 175 (223) unter Verweis auf BVerfGE 80, 367 (374), BVerfGE 109, 279 (319) und BVerwGE 87, 212 (214).

208 *Christoph Degenhart*, Rechtsfragen einer Neuordnung der Rundfunkgebühr, ZUM 2009, S. 374 (383); *Axel Schneider*, Antworten auf „Verfassungsfragen des Betriebsstättenbeitrags nach dem Rundfunkbeitragsstaatsvertrag der Länder", ZUM 2013, S. 472 (478); vgl. auch BVerfGE 90, 60 (104).

Existenzminimums oder auch nur den Zugang zum öffentlich-rechtlichen Rundfunk sozial Schwacher.

Entsprechend hat sich das Bundesverfassungsgericht in seiner Entscheidung über gestaffelte Kindergartengebühren aus dem Jahr 1998 geäußert. „Eine an sozialen Gesichtspunkten orientierte Staffelung“ von Kindergartengebühren ist danach zwar „nicht ausgeschlossen“[209]; doch sind einkommensbezogene Gebührenstaffeln nur insoweit unbedenklich, als „selbst die Höchstgebühr die tatsächlichen Kosten der Einrichtung nicht deckt und in einem angemessenen Verhältnis zu der damit abgegoltenen Verwaltungsleistung steht“[210]. Mit anderen Worten sollte die sozialstaatliche Subvention all derjenigen, die keine kostendeckende Gebühr zahlen, aus allgemeinen Haushaltsmitteln erbracht, nicht aber durch Gebühren finanziert werden, die über die Kostendeckung hinausgehen. Auch hier liegt der Gedanke zugrunde, dass die sozialstaatliche Unterstützung eine allgemeine, steuerlich zu finanzierende Staatsaufgabe, nicht dagegen die Aufgabe einer bestimmten Gruppe der Bevölkerung ist.

Besonderheiten ergeben sich vorliegend zwar daraus, dass die Gruppe der Beitragszahler sehr groß und darüber hinaus auch das genaue Maß der Leistungsäquivalenz unsicher ist. Gleichwohl sollte die Teilhabe sozial Schwacher am öffentlich-rechtlichen Rundfunk nach den vorgenannten Prinzipien grundsätzlich durch eine Ergänzung des Leistungskatalogs der Sozialleistungen gesichert werden[211], nicht dagegen durch eine im Volumen entsprechende Beitragserhöhung zulasten der anderen Empfänger des öffentlich-rechtlichen Rundfunkangebots.

Als Alternative dazu bleibt, sozial Schwache von der Beitragspflicht zu befreien, die sich ergebenden Mindereinnahmen der Anstalten aber mit allgemeinen Haushaltsmitteln zu kompensieren[212]. Auch hierdurch könnte

---

209 BVerfGE 97, 332 (345).

210 BVerfGE 97, 332 (346).

211 Auch *Hans D. Jarass*, Verfassungsrechtliche Fragen einer Reform der Rundfunkgebühr, Rechtswissenschaftliches Gutachten, Mai 2007, S. 23 (aus Haushaltsmitteln); *Christoph Degenhart*, Rechtsfragen einer Neuordnung der Rundfunkgebühr, ZUM 2009, S. 374 (383); *Paul Kirchhof*, Die Finanzierung des öffentlich-rechtlichen Rundfunks, 2010, S. 66; zu den föderalen Herausforderungen dieser Lösung *Hans-Günter Henneke*, Der „im Sozialrecht auszugleichende Rundfunkbeitrag“ als Regelungs- und Finanzierungsproblem des sozialen Bundesstaats, Der Landkreis 2010, S. 221 f.

212 In diese Richtung *Christoph Degenhart*, Rechtsfragen einer Neuordnung der Rundfunkgebühr, ZUM 2009, S. 374 (381).

dem Charakter der Sozialhilfe als allgemeiner Staatsaufgabe Rechnung getragen werden. Zu bedenken ist allerdings, dass die Auffüllung mit Haushaltsmitteln im Rahmen des jährlichen Haushaltsplanungsverfahrens beraten und beschlossen werden müsste, was die Anstalten insoweit wiederum in Abhängigkeit von der Politik setzte und in Spannung zum Prinzip der Staatsferne stünde[213]. Vor diesem Hintergrund scheint erwägenswert, die durch allgemeine Haushaltsmittel ausgeglichene Beitragsbefreiung auf Antrag nur denjenigen sozial bedürftigen Empfängern des Rundfunkangebots zu eröffnen, die keine Sozialleistungen in Anspruch nehmen, und die Beiträge der Sozialleistungsempfänger über eine Erhöhung der Sozialleistungen zu finanzieren.

Angesichts dessen sollte die Vorschrift des § 4 Abs. 1 RBStV, nach der bestimmte, finanziell schwache Beitragsschuldner ohne weiteres von der Beitragspflicht befreit werden[214], in ihrer Ausgestaltung überdacht werden.

2. Gemeinnützige Einrichtungen

Die steuer- und abgabenrechtlichen Begünstigungen gemeinnütziger Einrichtungen sind ebenfalls Ausdruck des sozialen Staates im Sinne von Art. 20 Abs. 1 GG[215]. Die Begünstigungen erleichtern Freigebigkeit, karitative Hilfe und soziales Engagement, das Gedeihen des religiösen Lebens, die Entfaltung von Kunst und Kultur. Sie begründen sich damit nicht allein durch das Sozialstaatsprinzip des Art. 20 Abs. 1 GG, sondern auch durch die besonderen Freiheitsgewährleistungen der Persönlichkeitsentfaltung, des Glaubens und der Weltanschauung, der Kunst, nicht zuletzt auch des Eigentums[216].

---

213 Siehe zur Problematik der Anstaltsfinanzierung über allgemeine Haushaltsmittel bereits oben D.I.4.c.; keine diesbezüglichen Probleme sieht demgegenüber *Hans D. Jarass*, Verfassungsrechtliche Fragen einer Reform der Rundfunkgebühr, Rechtswissenschaftliches Gutachten, Mai 2007, S. 37.

214 Zum Überblick *Wolfgang Lent*, Die neuen Befreiungs- und Ermäßigungsregelungen für Wohnungsinhaber im Rundfunkbeitragsstaatsvertrag, Sozialrecht aktuell 2013, S. 6 ff.

215 Zur grundsätzlichen Unterscheidung des sozialen Staates (Art. 20 Abs. 1 GG) vom Sozialleistungsstaat bereits BVerfGE 22, 180 (LS 1).

216 *Moris Lehner*, Einkommensteuerrecht und Sozialhilferecht, 1993, S. 337 ff.; *Hanno Kube*, Staatsaufgaben und Solidargemeinschaften, DStJG Bd. 29 (2006), S. 11 (14 f.).

Das Rundfunkbeitragsrecht sollte im Licht dieser verfassungsrechtlichen Grundwertungen auf die Gemeinnützigkeit abgestimmt werden. Gemeinnützige wie auch mildtätige und kirchlichen Zwecken dienende Einrichtungen (§§ 51 ff. AO) sollten daher eine beitragsrechtliche Privilegierung erfahren. Soweit auch der öffentliche Sektor dem Rundfunkbeitrag unterworfen wird[217], sind in diesem Zusammenhang – unabhängig von der Steuer- und Abgabenpflicht im Übrigen – die gleichen Maßstäbe anzulegen[218].

Der Rundfunkbeitragsstaatsvertrag hat sich dementsprechend der Gemeinnützigkeit angenommen. Zwar können auch gemeinnützige Einrichtungen nach § 6 Abs. 1 RBStV beitragspflichtige Betriebsstätten sein[219]. Allerdings reduziert § 5 Abs. 3 RBStV die Beitragspflicht einer großen Zahl gemeinnütziger und vergleichbarer Einrichtungen – einschließlich der eingetragenen gemeinnützigen Vereine und Stiftungen – auf höchstens einen Rundfunkbeitrag. Zudem sind gemäß § 5 Abs. 5 Nr. 1 RBStV Betriebsstätten, die gottesdienstlichen Zwecken gewidmet sind, vollständig von der Beitragspflicht befreit[220].

Diese Privilegierungen stehen nach Art und Umfang in der Regelungstradition des alten Rundfunkgebührenrechts und sind in dieser Form bewährt. Zu erwägen wäre allerdings, die Privilegierung auf alle Einrichtungen auszudehnen, die in §§ 51 ff. AO genannt sind[221]. Dies würde der Konsistenz der rechtlichen Ausgestaltungen der Gemeinnützigkeit und damit der Gleichheit dienen. Zudem könnte auf die Praxiserfahrungen zur Detailabgrenzung auf Grundlage der §§ 51 ff. AO zurückgegriffen werden.

---

217 Siehe zur Neutralität des Verfassungsrechts in dieser Frage oben E.II.4.

218 Vgl. *Roman Seer/Christian Wolsztynski*, Steuerrechtliche Gemeinnützigkeit der öffentlichen Hand, 2002.

219 Ausdrücklich die Begründung zum Fünfzehnten Staatsvertrag zur Änderung rundfunkrechtlicher Staatsverträge (Fünfzehnter Rundfunkänderungsstaatsvertrag), S. 24.

220 Dazu *Albert Post/Irena Klepper*, Der neue Rundfunkbeitragsstaatsvertrag – Auswirkungen auf den kirchlichen Bereich ab 2013, Kirche und Recht 2012, S. 105 ff.; *Axel Schneider*, Antworten auf „Verfassungsfragen des Betriebsstättenbeitrags nach dem Rundfunkbeitragsstaatsvertrag der Länder“, ZUM 2013, S. 472 (476) ordnet diesen Fall als Typisierung einer eindeutig nicht vorhandenen Rundfunknutzung im nicht privaten Bereich ein.

221 Kritisch zur Reichweite der derzeitigen Ausgestaltung *Stefan Korioth/Maxi Koemm*, Gut gemeint, doch schlecht gemacht: Die neue Rundfunkabgabe ist verfassungswidrig!, DStR 2013, S. 833 (836).

IV. Höhe des Beitrags und Verfahren der Bedarfsfestsetzung

Während sich aus dem Rundfunkbeitragsstaatsvertrag allein die Rechtsfolge der Beitragspflicht ergibt, ist die Höhe des Rundfunkbeitrags im Rundfunkfinanzierungsstaatsvertrag festgelegt. Nach § 8 RFinStV hat der Beitrag eine Höhe von derzeit 17,98 Euro monatlich. Dies entspricht der Höhe der zuletzt erhobenen Fernsehgebühr unter dem Rundfunkgebührenstaatsvertrag.

Die Orientierung an der Fernsehgebühr erscheint vor dem Hintergrund des dem Rundfunkbeitragsstaatsvertrag konzeptionell zugrunde liegenden Gedankens der Medienkonvergenz und der Multifunktionalität der Empfangsgeräte schlüssig. Die Anknüpfung an die Höhe der bisherigen Gebühr sorgt für Kontinuität, rechtsstaatliches Vertrauen und die Bereitschaft der Bevölkerung, sich auf das neue System einzustellen[222]. Das Ziel der Aufkommensneutralität der Umstellung[223] sichert zugleich die Ausgewogenheit des bundesstaatlichen Ertragssystems (Art. 106 und 107 GG), das durch hohe, neuartige Entgeltvolumina herausgefordert werden kann[224].

Anpassungen der Beitragshöhe erlaubt das beibehaltene Bedarfsanmeldungs- und -festsetzungsverfahren nach §§ 1 ff. RFinStV, das darauf angelegt ist, zwischen der Gewährleistung der Programmautonomie der Anstalten einerseits und der staatlichen Mäßigung der Beitragshöhe nach Maßgabe der Grundrechte andererseits zu vermitteln. Dass dieses auf der Basis des 8. Rundfunkurteils des Bundesverfassungsgerichts neu gestaltete Verfahren seine Funktion im Grundsatz erfüllt, wurde bereits ausgeführt[225].

Dessen ungeachtet bleibt es eine Aufgabe der Anstalten, ihre Bedarfe unter den Gesichtspunkten von Grundversorgung und Entwicklungsoffenheit einerseits, Wirtschaftlichkeit und Sparsamkeit andererseits (siehe § 14

---

222 *Paul Kirchhof*, Die Finanzierung des öffentlich-rechtlichen Rundfunks, 2010, S. 48 f.

223 Siehe die Begründung zum Fünfzehnten Staatsvertrag zur Änderung rundfunkrechtlicher Staatsverträge (Fünfzehnter Rundfunkänderungsstaatsvertrag), S. 2; zur verfassungsrechtlichen Fundierung dieser Zielsetzung und mit tatsächlichen Zweifeln *Christoph Degenhart*, Verfassungsfragen eines Rundfunkbeitrags für Mietfahrzeuge auf der Grundlage des Entwurfs für einen 15. Rundfunkänderungsstaatsvertrag, Rechtsgutachten, 2010, S. 21 ff.; *ders.*, Verfassungsrechtliche Zweifelsfragen des Rundfunkbeitragsstaatsvertrags, ZUM 2011, S. 193 (198 f.).

224 *Hanno Kube*, Finanzgewalt in der Kompetenzordnung, 2004, S. 384 ff.; *Paul Kirchhof*, Die Finanzierung des öffentlich-rechtlichen Rundfunks, 2010, S. 67 f.; aus der Praxis BVerfGE 105, 185 (194 f.) (Entgelte aus der UMTS-Versteigerung).

225 Siehe oben C.IV.3.

Abs. 1 RStV) stetig zu prüfen und in den Begründungen transparent zu machen[226].

V. Weitere Verfahrensfragen

Beginn und Ende der Beitragspflicht, Zahlungsweise und Verjährung sind in § 7 RBStV geregelt. Die Regelungen lehnen sich an § 4 RGebStV an und erscheinen verfassungsrechtlich unproblematisch. Gleiches gilt für die in § 10 RBStV ausgestalteten Bestimmungen über den Einzug und die Verteilung des Rundfunkbeitrags.

Der an § 3 RGebStV orientierte § 8 RBStV regelt eine Reihe von Anzeigepflichten. § 9 RBStV (vgl. § 4 Abs. 5 und 7 RGebStV) sieht einen Auskunftsanspruch der Landesrundfunkanstalten gegenüber Beitragsschuldnern und solchen Personen vor, bei denen tatsächliche Anhaltspunkte dafür vorliegen, dass sie Beitragsschuldner sind und dies nicht oder nicht umfassend angezeigt haben; zudem enthält die Vorschrift eine korrespondierende Satzungsermächtigung der Anstalten. Die Anzeigepflichten und der Auskunftsanspruch rechtfertigen sich im Grundsatz als verhältnismäßige Maßnahmen zur Sicherung der Beitragserhebung[227]. Den Erlass einer einstweiligen Anordnung auf Aussetzung des im Rahmen des Systemübergangs vorgenommenen Meldedatenabgleichs nach § 14 Abs. 9 RBStV hat der Bayerische Verfassungsgerichtshof durch Entscheidung vom 18.4.2013 abgelehnt, dies seinerseits mit Blick auf die Bedeutung der „Vermeidung von Vollzugsdefiziten“ und der Gewährleistung von „Beitragsgerechtigkeit“[228]. Regelungstechnisch erscheint allerdings unklar, ob bei den Vorschriften jeweils von einem formellen, an die Anzeige anknüpfenden, oder von einem

---

226 Siehe auch *Deutsches Steuerzahlerinstitut des Bundes der Steuerzahler e.V. (Hrsg.)*, Der öffentlich-rechtliche Rundfunk in Deutschland, 2013, S. 55 ff. Im Verwaltungsrecht ist allgemein anerkannt, dass sich der staatliche Anschluss- und Benutzungszwang nach Art und Umfang genau insoweit rechtfertigt, wie ein öffentliches Bedürfnis besteht; *Elke Gurlit*, in: Erichsen/Ehlers (Hrsg.), Allgemeines Verwaltungsrecht, 14. Aufl. 2010, § 35 Rdnr. 35. Dieser Gedanke kann auch den öffentlich-rechtlichen Rundfunk leiten.

227 Ebenso *Wolfgang Lent*, Anzeige- und Auskunftspflichten nach dem neuen Rundfunkbeitragsstaatsvertrag, LKRZ 2013, S. 57 (61); a. A. *Ermano Geuer*, Zur Verfassungswidrigkeit der „Haushaltsabgabe“ für den öffentlich-rechtlichen Rundfunk, VR 2012, S. 378 (380 f.).

228 BayVerfGH, K&R 2013, S. 423 ff.

materiellen, auf dem Gesetzestatbestand (§ 2 Abs. 1 und § 5 Abs. 1 RBStV) beruhenden Begriff des Beitragsschuldners ausgegangen wird. Manifest wird diese Unklarheit insbesondere im Wortlaut von § 9 Abs. 1 Satz 1 RBStV.

Die verfassungsrechtlich erforderliche, bereichsspezifische Rechtsgrundlage für den Umgang der Landesrundfunkanstalten mit personenbezogenen Daten wird in § 11 RBStV geschaffen, der sich an § 8 RGebStV orientiert. Diese Rechtsgrundlage erscheint unter verfassungs- und datenschutzrechtlichen Gesichtspunkten im Grundsatz als hinreichend und angemessen, was auch für die Ausgestaltung der Anzeigepflichten und Auskunftsrechte (§§ 8 und 9 RBStV) gilt[229].

229 Siehe dazu im Einzelnen *Armin Herb*, Neue Rundfunkfinanzierung – neue Datenschutzprobleme? Datenschutzrechtliche Normen im neuen Rundfunkbeitragsstaatsvertrag (RBStV), MMR 2011, S. 232 ff.; *Wieland Bosman*, Paradigmenwechsel in der Rundfunkfinanzierung: Von der Rundfunkgebühr zum Rundfunkbeitrag, K&R 2012, S. 5 (10 f.); teilweise kritisch *Marcel Séché*, Verfassungsbeschwerden gegen den Rundfunkbeitrag im nicht-privaten Bereich, NVwZ 2013, S. 683 (686 f.).

F. Zusammenfassung der Ergebnisse

1. Die Rundfunkgebühr sah sich in den letzten Jahren zwei wachsenden Herausforderungen ausgesetzt, zum einen der Medienkonvergenz und der damit einhergehenden Multifunktionalität von Empfangsgeräten, zum anderen einem offensichtlichen Erhebungsdefizit. Vor diesem Hintergrund erklärt sich die Ablösung der gerätebezogenen Rundfunkgebühr durch den haushalts- bzw. wohnungs- und betriebsstättenbezogenen Rundfunkbeitrag.

2. Die Rundfunkfinanzierung wird verfassungsrechtlich durch das Rundfunkverfassungsrecht vorgeprägt. Dieses weist dem öffentlich-rechtlichen Rundfunk einen Grundversorgungsauftrag zu, der Programmautonomie und Staatsferne voraussetzt und den die Rundfunkanstalten nur dann erfüllen können, wenn sie vollständig oder jedenfalls hauptsächlich durch öffentliche, gemeinwohlgebundene Mittel finanziert werden. Die Programmautonomie der Anstalten verlangt dabei die Orientierung an deren Finanzierungsbedarf. Dieser Bedarf ist mit dem grundrechtlich fundierten Anspruch des Bürgers auf eine maßvolle Abgabenbelastung abzustimmen, ohne dass dadurch aber wiederum das Gebot der Staatsferne verletzt wird. Der Abstimmung dient das durch den 3. Rundfunkänderungsstaatsvertrag ausgestaltete Verfahren der Bedarfsanmeldung, -ermittlung und -festsetzung, das in seinen Grundstrukturen sachgerecht erscheint.

3. Die rundfunkverfassungsrechtlich vorgegebenen Eigenheiten der finanzierten Aufgabe erlangen determinierende Kraft auch für die Entscheidung über die konkret gebotene Abgabenform. Die Form muss der Aufgabe dienen. Das Rundfunkverfassungsrecht wirkt hier mit dem Finanzverfassungsrecht zusammen.

4. Die Voraussetzungslosigkeit der Steuer lässt diese schon im ersten Zugriff für die Rundfunkfinanzierung ungeeignet erscheinen, soweit sich die Abgabenerhebung tatbestandlich auf die Eröffnung des Zugangs zum Rundfunk bezieht. Die mangelnde Eignung der Steuer bestätigt sich bei Anlegung der steuerverfassungsrechtlichen Rahmen-

vorgaben. So lässt das Grundgesetz eigene Steuern der Rundfunkanstalten nicht zu. Eine staatliche Rundfunkverbrauchsteuer lässt sich weder steuerdogmatisch darstellen noch fiele sie in die Kompetenz der Länder als „Muttergemeinwesen“ der Rundfunkanstalten. Auch für eine in anderer Weise ausgestaltete „Rundfunksteuer“ der Länder, die das Finanzierungsanliegen, nicht aber den rechtfertigenden Grund der Besteuerung benennt, ist kein Raum.

5. Eine Rundfunkfinanzierung aus den allgemeinen, primär steuerlich generierten Haushaltsmitteln scheidet ebenfalls aus. Die Verwendungsbindung einer bestehenden Steuer und die Erhebung einer Ergänzungsabgabe zur Einkommen- und Körperschaftsteuer scheitern am Erfordernis eines Sachzusammenhangs zwischen Steuer und Finanzierungszweck. Die gesetzliche Reservierung allgemeiner Haushaltsmittel durch Leistungsgesetz im weiteren Sinne, also auf der Ausgabenseite, erscheint rundfunkverfassungsrechtlich unzureichend, weil dies die greifbare Gefahr begründet, dass die Rundfunkfinanzierung in den Mahlstrom der zyklisch wiederkehrenden haushaltspolitischen Diskussion gerät.

6. Sonderabgaben begründen zwar eigenständige Einnahmen- und Ausgabenkreisläufe. Doch sind sie nur ausnahmsweise und vorübergehend, unter strengen Voraussetzungen, in ihrer Belastungswirkung und ihrer Haushaltsflüchtigkeit zulässig. Damit kommen sie als dauerhafte und verlässliche Finanzierungsgrundlage des institutionell im Grundgesetz verankerten und von einer Bestands- und Entwicklungsgarantie getragenen öffentlich-rechtlichen Rundfunks nicht in Betracht.

7. Leitender Gedanke der Vorzugslasten ist die Tauschgerechtigkeit, ihr Bemessungsprinzip die Äquivalenz. Das die Vorzugslasten prägende individuelle Abgabenverhältnis entspricht den rundfunkverfassungsrechtlichen Erfordernissen der Programmautonomie und Staatsferne der Anstalten. Die Zweckbindung der Abgabenerträge rechtfertigt sich durch den hier bestehenden Sachzusammenhang zwischen Abgabe und Finanzierungsanliegen. Die zur Gewährleistung der Grundversorgung gebotene Abstraktion vom konkreten Nutzerverhalten drängt auf die Abgabenform des Beitrags, dessen herausragende Eignung zur Rundfunkfinanzierung durch die Rechtsprechung des Bundesverfassungsgerichts und des Bundesverwaltungsgerichts klar bestätigt wird.

8. Die Eignung des Beitrags entbindet von der Notwendigkeit, auf rechtsstaatlich unverlässliche Kategorien wie die sonstige Abgabe, die Abgabe „sui generis“ oder auch die schwer zu verallgemeinernde sachbereichsimplizite Abgabe auszuweichen.

9. Der durch den Rundfunkbeitragsstaatsvertrag ausgestaltete Rundfunkbeitrag stellt sich als Beitrag im finanzverfassungsrechtlichen Sinne dar. Dies folgt aus der tatbestandlichen Struktur, die ein Gegenleistungsverhältnis voraussetzt, und wird durch den Willen des Normsetzers bestätigt. Die Größe des Adressatenkreises ist dabei finanzverfassungsrechtlich unerheblich; entscheidend ist insoweit allein der Belastungsgrund dem Einzelnen gegenüber. Ebenso unerheblich ist, wie die Tradition des Abgabenrechts bestätigt, die Freiwilligkeit oder Nichtfreiwilligkeit der Tatbestandserfüllung.

10. Bei der beitragsausgestaltenden Tatbestandsbildung ist zwischen dem abgabenrechtlichen Wirklichkeitsmaßstab und den Typisierungsanliegen der Verständlichkeit und Einsichtigkeit der Abgabe, der Praktikabilität des Vollzugs, der Unausweichlichkeit der Belastung und gerade auch des Privatsphärenschutzes des Abgabenschuldners zu vermitteln. Die sehr hohe Fallzahl, die vergleichsweise geringe Belastungsintensität und der stark privatsphärensensible Charakter der Abgabenerhebung sprechen im vorliegenden Zusammenhang für eine tendenziell weite gesetzgeberische Typisierungsbefugnis.

11. Ein zukunftsfähiger Beitragstatbestand muss sich vom Gerätebezug lösen und sich stattdessen dem Menschen als Informationsempfänger im Sinne von Art. 5 Abs. 1 Satz 1 Alt. 2 GG zuwenden. Beitragspflichtig muss danach im Grundsatz das jedem einzelnen Volljährigen unterbreitete Rundfunkangebot gestellt werden, ungeachtet der genutzten Empfangstechnik.

12. Eine realitätsgerechte Abgabenerhebung wird den Menschen allerdings im Rahmen der im typischen Fall anzutreffenden Empfangsgemeinschaft des Haushalts zu erfassen suchen, in der sich die Nutzungsgewohnheiten zudem vielfach ausgleichen dürften. Auf die Adressateneinheit des Haushalts drängen ebenso die verfassungsrechtlichen Wertungen aus Art. 6 Abs. 1 und Abs. 2 GG, schließlich auch Ge-

sichtspunkte der Praktikabilität. Schon im System der Rundfunkgebühr wurde der Haushalt im Tatbestand der Wohnung typisiert. Dies erscheint sachgerecht, zumal dadurch die Privatsphäre der Haushaltsgemeinschaft gesichert wird. Das neue Recht, das auf den Tatbestand der Wohnung aufbaut, entspricht diesen Vorgaben. Die Beitragspflicht von Zweitwohnungen rechtfertigt sich durch die erheblichen Schwierigkeiten, im Vollzug einzelfallgenau zwischen echten Erst- und Zweitwohnungen zu unterscheiden.

13. Die eigenständige abgabentatbestandliche Erfassung des nicht privaten, vor allem gewerblichen Bereichs legitimiert sich durch ein eigenständiges abgabenrechtliches Tauschverhältnis zwischen Anstalt und Unternehmer, dem das Rundfunkangebot im Rahmen seines Unternehmens dient. Mögliche Anknüpfungspunkte zur Vorteils- und damit Abgabenbemessung sind hier beispielsweise die Zahl der Beschäftigten und die Zahl der Betriebsstätten. Die verfassungsrechtliche Vorprägung ist insoweit allerdings nicht sehr stark. Ein typischerweise intensivierter, dem Unternehmer dienender Rundfunkempfang rechtfertigt es, die entsprechenden Bereiche abgabentatbestandlich hervorzuheben. Verlässliche Typisierungen eines besonders wenig intensiven Rundfunkempfangs im nicht privaten Bereich werden demgegenüber kaum vollziehbar gelingen. Das dazu ausgestaltete Recht erscheint im Grundsatz verfassungsgemäß. Die Sachgerechtigkeit des zur Unterscheidung von Betriebsstätten vorgesehenen Kriteriums des „eigenständigen, nicht ausschließlich privaten Zwecks" sollte allerdings nochmals geprüft werden; die Eignung dieses Kriteriums erscheint im vorliegenden Zusammenhang fraglich; in der Anwendungspraxis könnte es zu einem hohen Maß an Rechtsunsicherheit führen.

14. Die staatliche Sphäre kann, muss aber aus verfassungsrechtlichen Gründen nicht in die Beitragspflicht einbezogen werden. Im Rahmen der staatsvertraglichen Ausgestaltung, die die Einbeziehung vorsieht, dürfte abermals das Unterscheidungsmerkmal der eigenständigen Zweckverfolgung zu Problemen führen, was umso mehr für eine sorgfältige Prüfung der Unerlässlichkeit dieses Tatbestandsmerkmals in § 6 Abs. 1 RBStV spricht.

15. Wirklichkeitsmaßstab und Typisierungsanliegen verbleiben im vorliegenden Zusammenhang in einem mit hinreichender Verlässlichkeit nur

schwer aufzulösenden Spannungsverhältnis. Dies lässt es angeraten erscheinen, die Beitragspflicht unter bestimmten Voraussetzungen widerleglich auszugestalten. Naheliegend sind dabei Regelungen, die Sehbehinderungen und Hörschädigungen wie auch geistige Behinderungen, die dem Rundfunkempfang entgegenstehen, berücksichtigen. Auf darüber hinausgehende, auf technische Gründe oder Konsumgewohnheiten gestützte Möglichkeiten zur Widerlegung der Beitragspflicht sollte demgegenüber unter verfassungsrechtlichen Gesichtspunkten verzichtet werden, dies mit Blick auf die sehr geringe Zahl in Betracht kommender Fälle, den hohen Verwaltungsaufwand zur Verifikation, die insoweit erforderlichen massiven Eingriffe in die Privatsphäre, drohende Missbräuche und den Charakter des Rundfunks als Gesamtveranstaltung. Die vorgenommenen Ausgestaltungen korrespondieren mit diesen Vorgaben. Bei den Befreiungen und Ermäßigungen aus körperlichen und gesundheitlichen Gründen sollten einzelne Abgrenzungen und Bemessungen nochmals überprüft werden.

16. Die Teilhabe sozial Schwacher am öffentlich-rechtlichen Rundfunk sollte im Grundsatz durch eine Ergänzung des Leistungskatalogs der Sozialleistungen sichergestellt werden, was dem Charakter der Sozialhilfe als allgemeiner Staatsaufgabe entspricht. Soweit sozial Bedürftige, die keine Sozialleistungen in Anspruch nehmen, einen Befreiungsantrag stellen, kommt eine Kompensation der sich daraus ergebenden Mindereinnahmen der Anstalten durch allgemeine Haushaltsmittel in Betracht.

17. Gemeinnützige, mildtätige und kirchlichen Zwecken dienende Einrichtungen sollten angesichts der zugrundeliegenden verfassungsrechtlichen Wertungen beitragsrechtlich privilegiert werden. Der Rundfunkbeitragsstaatsvertrag entspricht diesem Gebot und folgt in der konkreten Ausgestaltung der Regelungstradition des Rechts der Rundfunkfinanzierung. Eine Abstimmung mit dem Katalog der §§ 51 ff. AO könnte gleichwohl der Konsistenz im Gemeinnützigkeitsrecht dienen und die Rechtssicherheit befördern.

18. Die Höhe des Beitrags und das Verfahren der Bedarfsfestsetzung und damit gegebenenfalls Beitragsanpassung erscheinen sachgerecht. Es bleibt die Aufgabe der Anstalten, ihre Bedarfe unter den Gesichtspunkten von Grundversorgung und Entwicklungsoffenheit einerseits,

Wirtschaftlichkeit und Sparsamkeit andererseits stetig zu prüfen und in den Begründungen transparent zu machen.

19. Auch die sonstigen, im Rundfunkbeitragsstaatsvertrag enthaltenen Regelungen abgabenschuldrechtlicher und verfahrensrechtlicher Art erscheinen im Grundsatz angemessen und verfassungsrechtlich unproblematisch. Nur an wenigen Stellen offenbart sich vornehmlich regelungstechnischer Nachbesserungsbedarf.

Rundfunkbeitragsstaatsvertrag

vom 15. bis 21. Dezember 2010,

in der Fassung des Fünfzehnten Staatsvertrages zur Änderung rundfunkrechtlicher Staatsverträge

(Fünfzehnter Rundfunkänderungsstaatsvertrag),

in Kraft seit 1. Januar 2013 (§ 14 Abs. 1, 2 und 6 seit 1. Januar 2012)

Inhaltsverzeichnis

§ 1 Zweck des Rundfunkbeitrags

Der Rundfunkbeitrag dient der funktionsgerechten Finanzausstattung des öffentlich-rechtlichen Rundfunks im Sinne von § 12 Abs. 1 des Rundfunkstaatsvertrages sowie der Finanzierung der Aufgaben nach § 40 des Rundfunkstaatsvertrages.

§ 2 Rundfunkbeitrag im privaten Bereich

(1) Im privaten Bereich ist für jede Wohnung von deren Inhaber (Beitragsschuldner) ein Rundfunkbeitrag zu entrichten.
(2) Inhaber einer Wohnung ist jede volljährige Person, die die Wohnung selbst bewohnt. Als Inhaber wird jede Person vermutet, die
1. dort nach dem Melderecht gemeldet ist oder
2. im Mietvertrag für die Wohnung als Mieter genannt ist.

(3) Mehrere Beitragsschuldner haften als Gesamtschuldner entsprechend § 44 der Abgabenordnung. Die Landesrundfunkanstalt kann von einem anderen als dem bisher in Anspruch genommenen Beitragsschuldner für eine Wohnung für zurückliegende Zeiträume keinen oder nur einen ermäßigten Beitrag erheben, wenn dieser das Vorliegen der Voraussetzungen für eine Befreiung oder Ermäßigung gemäß § 4 Abs. 7 Satz 2 im Zeitpunkt der Inanspruchnahme nachweist.
(4) Ein Rundfunkbeitrag ist nicht zu entrichten von Beitragsschuldnern, die aufgrund Artikel 2 des Gesetzes vom 6. August 1964 zu dem Wiener Übereinkommen vom 18. April 1961 über diplomatische Beziehungen (BGBl. 1964 II S. 957) oder entsprechender Rechtsvorschriften Vorrechte genießen.

§ 3 Wohnung

(1) Wohnung ist unabhängig von der Zahl der darin enthaltenen Räume jede ortsfeste, baulich abgeschlossene Raumeinheit, die
1. zum Wohnen oder Schlafen geeignet ist oder genutzt wird und
2. durch einen eigenen Eingang unmittelbar von einem Treppenhaus, einem Vorraum oder von außen, nicht ausschließlich über eine andere Wohnung, betreten werden kann.

Nicht ortsfeste Raumeinheiten gelten als Wohnung, wenn sie Wohnungen im Sinne des Melderechts sind. Nicht als Wohnung gelten Bauten nach § 3 des Bundeskleingartengesetzes.

(2) Nicht als Wohnung gelten Raumeinheiten in folgenden Betriebsstätten:
1. Raumeinheiten in Gemeinschaftsunterkünften, insbesondere Kasernen, Unterkünfte für Asylbewerber, Internate,
2. Raumeinheiten, die der nicht dauerhaften heim- oder anstaltsmäßigen Unterbringung dienen, insbesondere in Behinderten- und Pflegeheimen,
3. Patientenzimmer in Krankenhäusern,
4. Hafträume in Justizvollzugsanstalten und
5. Raumeinheiten, die der vorübergehenden Unterbringung in Beherbergungsstätten dienen, insbesondere Hotel- und Gästezimmer, Ferienwohnungen, Unterkünfte in Seminar- und Schulungszentren.

§ 4 Befreiungen von der Beitragspflicht, Ermäßigung

(1) Von der Beitragspflicht nach § 2 Abs. 1 werden auf Antrag folgende natürliche Personen befreit:
1. Empfänger von Hilfe zum Lebensunterhalt nach dem Dritten Kapitel des Zwölften Buches des Sozialgesetzbuches (Sozialhilfe) oder nach den §§ 27a oder 27d des Bundesversorgungsgesetzes,
2. Empfänger von Grundsicherung im Alter und bei Erwerbsminderung (Viertes Kapitel des Zwölften Buches des Sozialgesetzbuches),
3. Empfänger von Sozialgeld oder Arbeitslosengeld II einschließlich von Leistungen nach § 22 des Zweiten Buches des Sozialgesetzbuches, soweit nicht Zuschläge nach dessen § 24 gewährt werden, die die Höhe des Rundfunkbeitrages übersteigen,
4. Empfänger von Leistungen nach dem Asylbewerberleistungsgesetz,
5. nicht bei den Eltern wohnende Empfänger von
   a) Ausbildungsförderung nach dem Bundesausbildungsförderungsgesetz,
   b) Berufsausbildungsbeihilfe nach den §§ 99, 100 Nr. 3 des Dritten Buches des Sozialgesetzbuches oder nach dem Vierten Kapitel, Fünfter Abschnitt des Dritten Buches des Sozialgesetzbuches oder
   c) Ausbildungsgeld nach den §§ 104 ff. des Dritten Buches des Sozialgesetzbuches,
6. Sonderfürsorgeberechtigte im Sinne des § 27e des Bundesversorgungsgesetzes,
7. Empfänger von Hilfe zur Pflege nach dem Siebten Kapitel des Zwölften Buches des Sozialgesetzbuches oder von Hilfe zur Pflege als Leistung

der Kriegsopferfürsorge nach dem Bundesversorgungsgesetz oder von Pflegegeld nach landesgesetzlichen Vorschriften,

8. Empfänger von Pflegezulagen nach § 267 Abs. 1 des Lastenausgleichsgesetzes oder Personen, denen wegen Pflegebedürftigkeit nach § 267 Abs. 2 Satz 1 Nr. 2 Buchstabe c des Lastenausgleichsgesetzes ein Freibetrag zuerkannt wird,
9. Volljährige, die im Rahmen einer Leistungsgewährung nach dem Achten Buch des Sozialgesetzbuches in einer stationären Einrichtung nach § 45 des Achten Buches des Sozialgesetzbuches leben, und
10. taubblinde Menschen und Empfänger von Blindenhilfe nach § 72 des Zwölften Buches des Sozialgesetzbuches.

(2) Der Rundfunkbeitrag nach § 2 Abs. 1 wird auf Antrag für folgende natürliche Personen auf ein Drittel ermäßigt:

1. blinde oder nicht nur vorübergehend wesentlich sehbehinderte Menschen mit einem Grad der Behinderung von wenigstens 60 vom Hundert allein wegen der Sehbehinderung,
2. hörgeschädigte Menschen, die gehörlos sind oder denen eine ausreichende Verständigung über das Gehör auch mit Hörhilfen nicht möglich ist, und
3. behinderte Menschen, deren Grad der Behinderung nicht nur vorübergehend wenigstens 80 vom Hundert beträgt und die wegen ihres Leidens an öffentlichen Veranstaltungen ständig nicht teilnehmen können.

Absatz 1 bleibt unberührt.

(3) Die dem Antragsteller gewährte Befreiung oder Ermäßigung erstreckt sich innerhalb der Wohnung

1. auf dessen Ehegatten,
2. auf den eingetragenen Lebenspartner und
3. auf die Wohnungsinhaber, die bei der Gewährung einer Sozialleistung nach Absatz 1 als Teil einer Einsatzgemeinschaft im Sinne des § 19 des Zwölften Buches des Sozialgesetzbuches berücksichtigt worden sind.

(4) Die Befreiung oder Ermäßigung beginnt mit dem Ersten des Monats, zu dem der Gültigkeitszeitraum des Bescheids beginnt, wenn der Antrag innerhalb von zwei Monaten nach dem Erstellungsdatum des Bescheids nach Absatz 7 Satz 2 gestellt wird. Wird der Antrag erst zu einem späteren Zeitpunkt gestellt, so beginnt die Befreiung oder Ermäßigung mit dem Ersten des Monats, der der Antragstellung folgt. Die Befreiung oder Ermäßigung wird für die Gültigkeitsdauer des Bescheids befristet. Ist der Bescheid nach Absatz 7 Satz 2 unbefristet, so kann die Befreiung oder Ermäßigung auf drei

Jahre befristet werden, wenn eine Änderung der Umstände möglich ist, die dem Tatbestand zugrunde liegen.
(5) Wird der Bescheid nach Absatz 7 Satz 2 unwirksam, zurückgenommen oder widerrufen, so endet die Befreiung oder Ermäßigung zum selben Zeitpunkt. Derartige Umstände sind vom Beitragsschuldner unverzüglich der zuständigen Landesrundfunkanstalt mitzuteilen.
(6) Unbeschadet der Beitragsbefreiung nach Absatz 1 hat die Landesrundfunkanstalt in besonderen Härtefällen auf gesonderten Antrag von der Beitragspflicht zu befreien. Ein Härtefall liegt insbesondere vor, wenn eine Sozialleistung nach Absatz 1 Nr. 1 bis 10 in einem durch die zuständige Behörde erlassenen Bescheid mit der Begründung versagt wurde, dass die Einkünfte die jeweilige Bedarfsgrenze um weniger als die Höhe des Rundfunkbeitrags überschreiten. Absatz 4 gilt entsprechend.
(7) Der Antrag auf Befreiung oder Ermäßigung ist vom Beitragsschuldner schriftlich bei der zuständigen Landesrundfunkanstalt zu stellen. Die Voraussetzungen für die Befreiung oder Ermäßigung sind durch die entsprechende Bestätigung der Behörde oder des Leistungsträgers im Original oder durch den entsprechenden Bescheid im Original oder in beglaubigter Kopie nachzuweisen; im Falle des Absatzes 1 Nr. 10 1. Alternative genügt eine ärztliche Bescheinigung. Dabei sind auch die Namen der weiteren volljährigen Bewohner der Wohnung mitzuteilen.

§ 5 Rundfunkbeitrag im nicht privaten Bereich

(1) Im nicht privaten Bereich ist für jede Betriebsstätte von deren Inhaber (Beitragsschuldner) ein Rundfunkbeitrag nach Maßgabe der folgenden Staffelung zu entrichten. Die Höhe des zu leistenden Rundfunkbeitrags bemisst sich nach der Zahl der neben dem Inhaber Beschäftigten und beträgt für eine Betriebsstätte

1. mit keinem oder bis acht Beschäftigten ein Drittel des Rundfunkbeitrags,
2. mit neun bis 19 Beschäftigten einen Rundfunkbeitrag,
3. mit 20 bis 49 Beschäftigten zwei Rundfunkbeiträge,
4. mit 50 bis 249 Beschäftigten fünf Rundfunkbeiträge,
5. mit 250 bis 499 Beschäftigten zehn Rundfunkbeiträge,
6. mit 500 bis 999 Beschäftigten 20 Rundfunkbeiträge,
7. mit 1.000 bis 4.999 Beschäftigten 40 Rundfunkbeiträge,
8. mit 5.000 bis 9.999 Beschäftigten 80 Rundfunkbeiträge,

9. mit 10.000 bis 19.999 Beschäftigten 120 Rundfunkbeiträge und
10. mit 20.000 oder mehr Beschäftigten 180 Rundfunkbeiträge.

(2) Unbeschadet der Beitragspflicht für Betriebsstätten nach Absatz 1 ist jeweils ein Drittel des Rundfunkbeitrags zu entrichten vom

1. Inhaber einer Betriebsstätte für jedes darin befindliche Hotel- und Gästezimmer und für jede Ferienwohnung zur vorübergehenden entgeltlichen Beherbergung Dritter ab der zweiten Raumeinheit und
2. Inhaber eines Kraftfahrzeugs (Beitragsschuldner) für jedes zugelassene Kraftfahrzeug, das zu gewerblichen Zwecken oder einer anderen selbständigen Erwerbstätigkeit oder zu gemeinnützigen oder öffentlichen Zwecken des Inhabers genutzt wird; auf den Umfang der Nutzung zu diesen Zwecken kommt es nicht an; Kraftfahrzeuge sind Personenkraftwagen, Lastkraftwagen und Omnibusse; ausgenommen sind Omnibusse, die für den öffentlichen Personennahverkehr nach § 2 des Gesetzes zur Regionalisierung des öffentlichen Personennahverkehrs eingesetzt werden.

Ein Rundfunkbeitrag nach Satz 1 Nr. 2 ist nicht zu entrichten für jeweils ein Kraftfahrzeug für jede beitragspflichtige Betriebsstätte des Inhabers.

(3) Für jede Betriebsstätte folgender Einrichtungen gilt Absatz 1 mit der Maßgabe, dass höchstens ein Rundfunkbeitrag zu entrichten ist:

1. gemeinnützige Einrichtungen für behinderte Menschen, insbesondere Heime, Ausbildungsstätten oder Werkstätten für behinderte Menschen,
2. gemeinnützige Einrichtungen der Jugendhilfe im Sinne des Kinder- und Jugendhilfegesetzes (Achtes Buch des Sozialgesetzbuches),
3. gemeinnützige Einrichtungen für Suchtkranke, der Altenhilfe, für Nichtsesshafte und Durchwandererheime,
4. eingetragene gemeinnützige Vereine und Stiftungen,
5. öffentliche allgemeinbildende oder berufsbildende Schulen, staatlich genehmigte oder anerkannte Ersatzschulen oder Ergänzungsschulen, soweit sie auf gemeinnütziger Grundlage arbeiten, sowie Hochschulen nach dem Hochschulrahmengesetz und
6. Feuerwehr, Polizei, Bundeswehr, Zivil- und Katastrophenschutz.

Damit ist auch die Beitragspflicht für auf die Einrichtung zugelassene Kraftfahrzeuge abgegolten. Die Gemeinnützigkeit im Sinne der Abgabenordnung ist der zuständigen Landesrundfunkanstalt auf Verlangen nachzuweisen.

(4) Auf Antrag ist ein Rundfunkbeitrag nach Absatz 1 und 2 insoweit nicht zu entrichten, als der Inhaber glaubhaft macht und auf Verlangen nachweist, dass die Betriebsstätte länger als drei zusammenhängende volle Kalender-

monate vorübergehend stillgelegt ist. Das Nähere regelt die Satzung nach § 9 Abs. 2.

(5) Ein Rundfunkbeitrag nach Absatz 1 ist nicht zu entrichten für Betriebsstätten

1. die gottesdienstlichen Zwecken gewidmet sind,
2. in denen kein Arbeitsplatz eingerichtet ist oder
3. die sich innerhalb einer beitragspflichtigen Wohnung befinden, für die bereits ein Rundfunkbeitrag entrichtet wird.

(6) Ein Rundfunkbeitrag nach Absatz 1 und 2 ist nicht zu entrichten von

1. den öffentlich-rechtlichen Rundfunkanstalten, den Landesmedienanstalten oder den nach Landesrecht zugelassenen privaten Rundfunkveranstaltern oder -anbietern oder
2. diplomatischen Vertretungen (Botschaft, Konsulat) eines ausländischen Staates.

§ 6 Betriebsstätte, Beschäftigte

(1) Betriebsstätte ist jede zu einem eigenständigen, nicht ausschließlich privaten Zweck bestimmte oder genutzte ortsfeste Raumeinheit oder Fläche innerhalb einer Raumeinheit. Dabei gelten mehrere Raumeinheiten auf einem Grundstück oder auf zusammenhängenden Grundstücken, die demselben Inhaber zuzurechnen sind, als eine Betriebsstätte. Auf den Umfang der Nutzung zu den jeweiligen nicht privaten Zwecken sowie auf eine Gewinnerzielungsabsicht oder eine steuerliche Veranlagung des Beitragsschuldners kommt es nicht an.

(2) Inhaber der Betriebsstätte ist die natürliche oder juristische Person, die die Betriebsstätte im eigenen Namen nutzt oder in deren Namen die Betriebsstätte genutzt wird. Als Inhaber wird vermutet, wer für diese Betriebsstätte in einem Register, insbesondere Handels-, Gewerbe-, Vereins- oder Partnerschaftsregister eingetragen ist. Inhaber eines Kraftfahrzeugs ist derjenige, auf den das Kraftfahrzeug zugelassen ist.

(3) Als Betriebsstätte gilt auch jedes zu gewerblichen Zwecken genutzte Motorschiff.

(4) Beschäftigte sind alle im Jahresdurchschnitt sozialversicherungspflichtig Beschäftigten sowie Bediensteten in einem öffentlich-rechtlichen Dienstverhältnis mit Ausnahme der Auszubildenden.

§ 7 Beginn und Ende der Beitragspflicht, Zahlungsweise, Verjährung

(1) Die Pflicht zur Entrichtung des Rundfunkbeitrags beginnt mit dem Ersten des Monats, in dem der Beitragsschuldner erstmals die Wohnung, die Betriebsstätte oder das Kraftfahrzeug innehat. Das Innehaben eines Kraftfahrzeugs beginnt mit dem Ersten des Monats, in dem es auf den Beitragsschuldner zugelassen wird.
(2) Die Beitragspflicht endet mit dem Ablauf des Monats, in dem das Innehaben der Wohnung, der Betriebsstätte oder des Kraftfahrzeugs durch den Beitragsschuldner endet, jedoch nicht vor dem Ablauf des Monats, in dem dies der zuständigen Landesrundfunkanstalt angezeigt worden ist. Das Innehaben eines Kraftfahrzeugs endet mit dem Ablauf des Monats, in dem die Zulassung auf den Beitragsschuldner endet.
(3) Der Rundfunkbeitrag ist monatlich geschuldet. Er ist in der Mitte eines Dreimonatszeitraums für jeweils drei Monate zu leisten.
(4) Die Verjährung der Beitragsforderung richtet sich nach den Vorschriften des Bürgerlichen Gesetzbuches über die regelmäßige Verjährung.

§ 8 Anzeigepflicht

(1) Das Innehaben einer Wohnung, einer Betriebsstätte oder eines beitragspflichtigen Kraftfahrzeugs ist unverzüglich schriftlich der zuständigen Landesrundfunkanstalt anzuzeigen (Anmeldung); entsprechendes gilt für jede Änderung der Daten nach Absatz 4 (Änderungsmeldung). Eine Änderung der Anzahl der im Jahresdurchschnitt des vorangegangenen Kalenderjahres sozialversicherungspflichtig Beschäftigten nach Absatz 4 Nr. 7 ist jeweils bis zum 31. März eines Jahres anzuzeigen; diese Änderung wirkt ab dem 1. April des jeweiligen Jahres.
(2) Das Ende des Innehabens einer Wohnung, einer Betriebsstätte oder eines beitragspflichtigen Kraftfahrzeugs ist der zuständigen Landesrundfunkanstalt unverzüglich schriftlich anzuzeigen (Abmeldung).
(3) Die Anzeige eines Beitragsschuldners für eine Wohnung, eine Betriebsstätte oder ein Kraftfahrzeug wirkt auch für weitere anzeigepflichtige Beitragsschuldner, sofern sich für die Wohnung, die Betriebsstätte oder das Kraftfahrzeug keine Änderung der Beitragspflicht ergibt.
(4) Bei der Anzeige hat der Beitragsschuldner der zuständigen Landesrundfunkanstalt folgende, im Einzelfall erforderliche Daten mitzuteilen und auf Verlangen nachzuweisen:

1. Vor- und Familienname sowie frühere Namen, unter denen eine Anmeldung bestand,
2. Tag der Geburt,
3. Vor- und Familienname oder Firma und Anschrift des Beitragsschuldners und seines gesetzlichen Vertreters,
4. gegenwärtige Anschrift jeder Betriebsstätte und jeder Wohnung, einschließlich aller vorhandenen Angaben zur Lage der Wohnung,
5. letzte der Landesrundfunkanstalt gemeldete Anschrift des Beitragsschuldners,
6. vollständige Bezeichnung des Inhabers der Betriebsstätte,
7. Anzahl der Beschäftigten der Betriebsstätte,
8. Beitragsnummer,
9. Datum des Beginns des Innehabens der Wohnung, der Betriebsstätte oder des beitragspflichtigen Kraftfahrzeugs,
10. Zugehörigkeit zu den Branchen und Einrichtungen nach § 5 Abs. 2 Satz 1 Nr. 1 und Abs. 3 Satz 1,
11. Anzahl der beitragspflichtigen Hotel- und Gästezimmer und Ferienwohnungen und
12. Anzahl und Zulassungsort der beitragspflichtigen Kraftfahrzeuge.

(5) Bei der Abmeldung sind zusätzlich folgende Daten mitzuteilen und auf Verlangen nachzuweisen:

1. Datum des Endes des Innehabens der Wohnung, der Betriebsstätte oder des beitragspflichtigen Kraftfahrzeugs,
2. der die Abmeldung begründende Lebenssachverhalt und
3. die Beitragsnummer des für die neue Wohnung in Anspruch genommenen Beitragsschuldners.

§ 9 Auskunftsrecht, Satzungsermächtigung

(1) Die zuständige Landesrundfunkanstalt kann von jedem Beitragsschuldner oder von Personen oder Rechtsträgern, bei denen tatsächliche Anhaltspunkte vorliegen, dass sie Beitragsschuldner sind und dies nicht oder nicht umfassend angezeigt haben, Auskunft über die in § 8 Abs. 4 genannten Daten verlangen. Kann die zuständige Landesrundfunkanstalt den Inhaber einer Wohnung oder einer Betriebsstätte nicht feststellen, ist der Eigentümer oder der vergleichbar dinglich Berechtigte der Wohnung oder des Grundstücks, auf dem sich die Betriebsstätte befindet, verpflichtet, der Landesrundfunkanstalt Auskunft über den tatsächlichen Inhaber der Wohnung oder der Be-

triebsstätte zu erteilen. Bei Wohnungseigentumsgemeinschaften kann die Auskunft auch vom Verwalter verlangt werden. Die Landesrundfunkanstalt kann mit ihrem Auskunftsverlangen neben den in § 8 Abs. 4 und 5 genannten Daten im Einzelfall weitere Daten erheben, soweit dies nach Satz 1 erforderlich ist; § 11 Abs. 5 gilt entsprechend. Die Landesrundfunkanstalt kann für die Tatsachen nach Satz 1 und die Daten nach Satz 4 Nachweise fordern. Der Anspruch auf Auskunft und Nachweise kann im Verwaltungszwangsverfahren durchgesetzt werden.

(2) Die zuständige Landesrundfunkanstalt wird ermächtigt, Einzelheiten des Verfahrens

1. der Anzeigepflicht,
2. zur Leistung des Rundfunkbeitrags, zur Befreiung von der Rundfunkbeitragspflicht oder zu deren Ermäßigung,
3. der Erfüllung von Auskunfts- und Nachweispflichten,
4. der Kontrolle der Beitragspflicht,
5. der Erhebung von Zinsen, Kosten und Säumniszuschlägen und
6. in den übrigen in diesem Staatsvertrag genannten Fällen

durch Satzung zu regeln. Die Satzung bedarf der Genehmigung der für die Rechtsaufsicht zuständigen Behörde und ist in den amtlichen Verkündungsblättern der die Landesrundfunkanstalt tragenden Länder zu veröffentlichen. Die Satzungen der Landesrundfunkanstalten sollen übereinstimmen.

§ 10 Beitragsgläubiger, Schickschuld, Erstattung, Vollstreckung

(1) Das Aufkommen aus dem Rundfunkbeitrag steht der Landesrundfunkanstalt und in dem im Rundfunkfinanzierungsstaatsvertrag bestimmten Umfang dem Zweiten Deutschen Fernsehen (ZDF), dem Deutschlandradio sowie der Landesmedienanstalt zu, in deren Bereich sich die Wohnung oder die Betriebsstätte des Beitragsschuldners befindet oder das Kraftfahrzeug zugelassen ist.

(2) Der Rundfunkbeitrag ist an die zuständige Landesrundfunkanstalt als Schickschuld zu entrichten. Die Landesrundfunkanstalt führt die Anteile, die dem ZDF, dem Deutschlandradio und der Landesmedienanstalt zustehen, an diese ab.

(3) Soweit ein Rundfunkbeitrag ohne rechtlichen Grund entrichtet wurde, kann derjenige, auf dessen Rechnung die Zahlung bewirkt worden ist, von der durch die Zahlung bereicherten Landesrundfunkanstalt die Erstattung des entrichteten Betrages fordern. Er trägt insoweit die Darlegungs- und

Beweislast. Der Erstattungsanspruch verjährt nach den Vorschriften des Bürgerlichen Gesetzbuches über die regelmäßige Verjährung.
(4) Das ZDF, das Deutschlandradio und die Landesmedienanstalten tragen die auf sie entfallenden Anteile der Kosten des Beitragseinzugs und der nach Absatz 3 erstatteten Beträge.
(5) Rückständige Rundfunkbeiträge werden durch die zuständige Landesrundfunkanstalt festgesetzt. Festsetzungsbescheide können stattdessen auch von der Landesrundfunkanstalt im eigenen Namen erlassen werden, in deren Anstaltsbereich sich zur Zeit des Erlasses des Bescheides die Wohnung, die Betriebsstätte oder der Sitz (§ 17 der Zivilprozessordnung) des Beitragsschuldners befindet.
(6) Festsetzungsbescheide werden im Verwaltungsvollstreckungsverfahren vollstreckt. Ersuchen um Vollstreckungshilfe gegen Beitragsschuldner, deren Wohnsitz oder Sitz in anderen Ländern liegt, können von der zuständigen Landesrundfunkanstalt unmittelbar an die für den Wohnsitz oder den Sitz des Beitragsschuldners zuständige Vollstreckungsbehörde gerichtet werden.
(7) Jede Landesrundfunkanstalt nimmt die ihr nach diesem Staatsvertrag zugewiesenen Aufgaben und die damit verbundenen Rechte und Pflichten ganz oder teilweise durch die im Rahmen einer nichtrechtsfähigen öffentlich-rechtlichen Verwaltungsgemeinschaft betriebene Stelle der öffentlich-rechtlichen Landesrundfunkanstalten selbst wahr. Die Landesrundfunkanstalt ist ermächtigt, einzelne Tätigkeiten bei der Durchführung des Beitragseinzugs und der Ermittlung von Beitragsschuldnern auf Dritte zu übertragen und das Nähere durch die Satzung nach § 9 Abs. 2 zu regeln. Die Landesrundfunkanstalt kann eine Übertragung von Tätigkeiten auf Dritte nach Satz 2 ausschließen, die durch Erfolgshonorare oder auf Provisionsbasis vergütet werden.

§ 11 Verwendung personenbezogener Daten

(1) Beauftragt die Landesrundfunkanstalt Dritte mit Tätigkeiten bei der Durchführung des Beitragseinzugs oder der Ermittlung von Beitragsschuldnern, die der Anzeigepflicht nach § 8 Abs. 1 nicht oder nicht vollständig nachgekommen sind, so gelten für die Erhebung, Verarbeitung und Nutzung der dafür erforderlichen Daten die für die Datenverarbeitung im Auftrag anwendbaren Bestimmungen.
(2) Beauftragen die Landesrundfunkanstalten eine Stelle nach § 10 Abs. 7 Satz 1 mit Tätigkeiten bei der Durchführung des Beitragseinzugs und der

Ermittlung von Beitragsschuldnern, ist dort unbeschadet der Zuständigkeit des nach Landesrecht für die Landesrundfunkanstalt zuständigen Datenschutzbeauftragten ein behördlicher Datenschutzbeauftragter zu bestellen. Er arbeitet zur Gewährleistung des Datenschutzes mit dem nach Landesrecht für die Landesrundfunkanstalt zuständigen Datenschutzbeauftragten zusammen und unterrichtet diesen über Verstöße gegen Datenschutzvorschriften sowie die dagegen getroffenen Maßnahmen. Im Übrigen gelten die für den behördlichen Datenschutzbeauftragten anwendbaren Bestimmungen des Bundesdatenschutzgesetzes entsprechend.

(3) Die zuständige Landesrundfunkanstalt darf von ihr gespeicherte personenbezogene Daten der Beitragsschuldner an andere Landesrundfunkanstalten auch im Rahmen eines automatisierten Abrufverfahrens übermitteln, soweit dies zur rechtmäßigen Erfüllung der Aufgaben der übermittelnden oder der empfangenden Landesrundfunkanstalt beim Beitragseinzug erforderlich ist. Es ist aufzuzeichnen, an welche Stellen, wann und aus welchem Grund welche personenbezogenen Daten übermittelt worden sind.

(4) Die zuständige Landesrundfunkanstalt kann im Wege des Ersuchens für Zwecke der Beitragserhebung sowie zur Feststellung, ob eine Beitragspflicht nach diesem Staatsvertrag besteht, personenbezogene Daten bei öffentlichen und nichtöffentlichen Stellen ohne Kenntnis des Betroffenen erheben, verarbeiten oder nutzen. Voraussetzung dafür ist, dass

1. die Datenbestände dazu geeignet sind, Rückschlüsse auf die Beitragspflicht zuzulassen, insbesondere durch Abgleich mit dem Bestand der bei den Landesrundfunkanstalten gemeldeten Beitragsschuldner, und
2. sich die Daten auf Angaben beschränken, die der Anzeigepflicht nach § 8 unterliegen und kein erkennbarer Grund zu der Annahme besteht, dass der Betroffene ein schutzwürdiges Interesse an dem Ausschluss der Erhebung, Verarbeitung oder Nutzung hat.

Die Erhebung, Verarbeitung oder Nutzung bei den Meldebehörden beschränkt sich auf die in § 14 Abs. 9 Nr. 1 bis 8 genannten Daten. Daten, die Rückschlüsse auf tatsächliche oder persönliche Verhältnisse liefern könnten, dürfen nicht an die übermittelnde Stelle rückübermittelt werden. Das Verfahren der regelmäßigen Datenübermittlung durch die Meldebehörden nach den Meldegesetzen oder Meldedatenübermittlungsverordnungen der Länder bleibt unberührt. Die Daten Betroffener, für die eine Auskunftssperre gespeichert ist, dürfen nicht übermittelt werden.

(5) Die Landesrundfunkanstalt darf die in Absatz 4 und in § 4 Abs. 7, § 8 Abs. 4 und 5 und § 9 Abs. 1 genannten Daten und sonstige freiwillig übermittelte Daten nur für die Erfüllung der ihr nach diesem Staatsvertrag ob-

liegenden Aufgaben erheben, verarbeiten oder nutzen. Die erhobenen Daten sind unverzüglich zu löschen, wenn feststeht, dass sie nicht mehr benötigt werden oder eine Beitragspflicht dem Grunde nach nicht besteht. Nicht überprüfte Daten sind spätestens nach zwölf Monaten zu löschen. Jeder Beitragsschuldner erhält eine Anmeldebestätigung mit den für die Beitragserhebung erforderlichen Daten.

§ 12 Ordnungswidrigkeiten

(1) Ordnungswidrig handelt, wer vorsätzlich oder fahrlässig
1. den Beginn der Beitragspflicht entgegen § 8 Abs. 1 und 3 nicht innerhalb eines Monats anzeigt,
2. der Anzeigepflicht nach § 14 Abs. 2 nicht nachgekommen ist oder
3. den fälligen Rundfunkbeitrag länger als sechs Monate ganz oder teilweise nicht leistet.

(2) Die Ordnungswidrigkeit kann mit einer Geldbuße geahndet werden.
(3) Die Ordnungswidrigkeit wird nur auf Antrag der Landesrundfunkanstalt verfolgt; sie ist vom Ausgang des Verfahrens zu benachrichtigen.
(4) Daten über Ordnungswidrigkeiten sind von der Landesrundfunkanstalt unverzüglich nach Abschluss des jeweiligen Verfahrens zu löschen.

§ 13 Revision zum Bundesverwaltungsgericht

In einem gerichtlichen Verfahren kann die Revision zum Bundesverwaltungsgericht auch darauf gestützt werden, dass das angefochtene Urteil auf der Verletzung der Bestimmungen dieses Staatsvertrages beruht.

§ 14 Übergangsbestimmungen

(1) Jeder nach den Bestimmungen des Rundfunkgebührenstaatsvertrages als privater Rundfunkteilnehmer gemeldeten natürlichen Person obliegt es, ab dem 1. Januar 2012 der zuständigen Landesrundfunkanstalt schriftlich alle Tatsachen anzuzeigen, die Grund und Höhe der Beitragspflicht nach diesem Staatsvertrag ab dem 1. Januar 2013 betreffen, soweit die Tatsachen zur Begründung oder zum Wegfall der Beitragspflicht oder zu einer Erhöhung oder Verringerung der Beitragsschuld führen.

(2) Jede nach den Bestimmungen des Rundfunkgebührenstaatsvertrags als nicht privater Rundfunkteilnehmer gemeldete natürliche oder juristische Person ist ab dem 1. Januar 2012 auf Verlangen der zuständigen Landesrundfunkanstalt verpflichtet, ihr schriftlich alle Tatsachen anzuzeigen, die Grund und Höhe der Beitragspflicht nach diesem Staatsvertrag ab dem 1. Januar 2013 betreffen.

(3) Soweit der Beitragsschuldner den Anforderungen von Absatz 1 oder 2 nicht nachgekommen ist, wird vermutet, dass jede nach den Bestimmungen des bis zum 31. Dezember 2012 geltenden Rundfunkgebührenstaatsvertrags als

1. privater Rundfunkteilnehmer gemeldete Person nach Maßgabe von § 2 dieses Staatsvertrages oder
2. nicht privater Rundfunkteilnehmer gemeldete natürliche oder juristische Person nach Maßgabe von § 6 dieses Staatsvertrages,

unter der bei der zuständigen Landesrundfunkanstalt geführten Anschrift ab Inkrafttreten dieses Staatsvertrages Beitragsschuldner nach den Bestimmungen dieses Staatsvertrages ist. Eine Abmeldung mit Wirkung für die Zukunft bleibt hiervon unberührt.

(4) Soweit der Beitragsschuldner den Anforderungen von Absatz 1 oder 2 nicht nachgekommen ist, wird vermutet, dass sich die Höhe des ab 1. Januar 2013 zu entrichtenden Rundfunkbeitrags nach der Höhe der bis zum 31. Dezember 2012 zu entrichtenden Rundfunkgebühr bemisst; mindestens ist ein Beitrag in Höhe eines Rundfunkbeitrages zu entrichten. Soweit der Beitragsschuldner bisher aufgrund der Regelung des § 6 Abs. 1 Satz 1 Nr. 7 und 8 des Rundfunkgebührenstaatsvertrages von der Rundfunkgebührenpflicht befreit war, wird vermutet, dass er mit Inkrafttreten dieses Staatsvertrages gemäß § 4 Abs. 2 ein Drittel des Rundfunkbeitrags zu zahlen hat.

(5) Die Vermutungen nach Absatz 3 oder 4 können widerlegt werden. Auf Verlangen der Landesrundfunkanstalt sind die behaupteten Tatsachen nachzuweisen. Eine Erstattung bereits geleisteter Rundfunkbeiträge kann vom Beitragsschuldner nur bis zum 31. Dezember 2014 geltend gemacht werden.

(6) Die bei der zuständigen Landesrundfunkanstalt für den Rundfunkgebühreneinzug gespeicherten Daten und Daten nach Absatz 1 und 2 dürfen von den Landesrundfunkanstalten in dem nach diesem Staatsvertrag erforderlichen und zulässigen Umfang verarbeitet und genutzt werden. Die erteilten Lastschrift- oder Einzugsermächtigungen sowie Mandate bleiben für den Einzug der Rundfunkbeiträge bestehen.

(7) Bestandskräftige Rundfunkgebührenbefreiungsbescheide nach § 6 Abs. 1 Satz 1 Nr. 1 bis 6 und 9 bis 11 des Rundfunkgebührenstaatsvertrages

gelten bis zum Ablauf ihrer Gültigkeit als Rundfunkbeitragsbefreiungen nach § 4 Abs. 1.

(8) Eine Befreiung von der Rundfunkgebührenpflicht nach § 5 Abs. 7 des Rundfunkgebührenstaatsvertrages endet zum 31. Dezember 2012. Soweit Einrichtungen nach § 5 Abs. 3 bei Inkrafttreten dieses Staatsvertrages nach Art. 7 Abs. 2 Satz 1 des 15. Rundfunkänderungsstaatsvertrages von der Rundfunkgebührenpflicht nach § 5 Abs. 7 des Rundfunkgebührenstaatsvertrages befreit waren, gilt für deren Betriebsstätten der Nachweis nach § 5 Abs. 3 Satz 3 als erbracht.

(9) Um einen einmaligen Abgleich zum Zwecke der Bestands- und Ersterfassung zu ermöglichen, übermittelt jede Meldebehörde für einen bundesweit einheitlichen Stichtag automatisiert innerhalb von längstens zwei Jahren ab dem Inkrafttreten dieses Staatsvertrages gegen Kostenerstattung einmalig in standardisierter Form die nachfolgenden Daten aller volljährigen Personen an die jeweils zuständige Landesrundfunkanstalt:

1. Familienname,
2. Vornamen unter Bezeichnung des Rufnamens,
3. frühere Namen,
4. Doktorgrad,
5. Familienstand,
6. Tag der Geburt,
7. gegenwärtige und letzte Anschrift von Haupt- und Nebenwohnungen, einschließlich aller vorhandenen Angaben zur Lage der Wohnung, und
8. Tag des Einzugs in die Wohnung.

Hat die zuständige Landesrundfunkanstalt nach dem Abgleich für eine Wohnung einen Beitragsschuldner festgestellt, hat sie die Daten der übrigen dort wohnenden Personen unverzüglich zu löschen, sobald das Beitragskonto ausgeglichen ist. Im Übrigen darf sie die Daten zur Feststellung eines Beitragsschuldners für eine Wohnung nutzen, für die bislang kein Beitragsschuldner festgestellt wurde; Satz 2 gilt entsprechend. Die Landesrundfunkanstalt darf die Daten auch zur Aktualisierung oder Ergänzung von bereits vorhandenen Teilnehmerdaten nutzen. § 11 Abs. 5 Satz 2 und 3 gilt entsprechend.

(10) Die Landesrundfunkanstalten dürfen bis zum 31. Dezember 2014 keine Adressdaten privater Personen ankaufen.

(11) Die Vorschriften des Rundfunkgebührenstaatsvertrages bleiben auf Sachverhalte anwendbar, nach denen bis zum 31. Dezember 2012 noch keine Rundfunkgebühren entrichtet oder erstattet wurden.

§ 15 Vertragsdauer, Kündigung

Dieser Staatsvertrag gilt für unbestimmte Zeit. Er kann von jedem der vertragsschließenden Länder zum Schluss des Kalenderjahres mit einer Frist von einem Jahr gekündigt werden. Die Kündigung kann erstmals zum 31. Dezember 2014 erfolgen. Wird der Staatsvertrag zu diesem Zeitpunkt nicht gekündigt, kann die Kündigung mit gleicher Frist jeweils zu einem zwei Jahre späteren Zeitpunkt erfolgen. Die Kündigung ist gegenüber dem Vorsitzenden der Ministerpräsidentenkonferenz schriftlich zu erklären. Die Kündigung eines Landes lässt das Vertragsverhältnis der übrigen Länder zueinander unberührt, jedoch kann jedes der übrigen Länder den Vertrag binnen einer Frist von drei Monaten nach Eingang der Kündigungserklärung zum gleichen Zeitpunkt kündigen.

FSC
www.fsc.org
MIX
Papier | Fördert
gute Waldnutzung
FSC® C083411

Kolibri 360 GmbH
Ferdinand-Jühlke-Straße 7
99095 Erfurt, Deutschland
produktsicherheit@kolibri360.de